PRINCIPES D'ÉCONOMIE POLITIQUE

APPLIQUÉS

A L'AGRICULTURE

PAR

L'AUTEUR DU TRAITÉ DES DÉLITS ET DES PEINES

traduits de l'italien par ***

Prix, 2 fr.

PARIS

MADAME VEUVE BOUCHARD-HUZARD

5, RUE DE L'ÉPERON

1852

PRINCIPES

D'ÉCONOMIE POLITIQUE

APPLIQUÉS

A L'AGRICULTURE.

PRINCIPES

D'ÉCONOMIE POLITIQUE

APPLIQUÉS

A L'AGRICULTURE

PAR

L'AUTEUR DU TRAITÉ DES DÉLITS ET DES PEINES

traduits de l'italien par ***

PARIS

MADAME VEUVE BOUCHARD-HUZARD

5, RUE DE L'ÉPERON

1852

TABLE DES MATIÈRES.

PRINCIPES

D'ÉCONOMIE POLITIQUE

APPLIQUÉS

A L'AGRICULTURE.

OBSERVATIONS PRÉLIMINAIRES.

1.

Je ne répéterai point ici les éloges donnés à l'agriculture par les plus grands écrivains, dans la vue de décider celui qui se livre aux méditations de l'économie publique à l'apprécier ainsi qu'elle doit l'être. Pour l'honorer et l'encourager, il lui suffit d'en constater la nécessité comme base de la richesse des États, et d'acquérir la certitude que ses productions, indépendantes du mouvement des siècles, n'ont rien à redouter des vicissitudes politiques, parce qu'elles émanent de la nature constante dans sa marche, et non pas de la volonté toujours mobile de l'homme. L'étude des lois qui régissent l'agriculture la lui font aimer; son intérêt augmente, lorsqu'en suivant ses opérations si nombreuses et si variées, il la voit grandir par l'observation, et tout entretenir par des résultats d'autant plus certains qu'ils sont acquis plus lentement. Que de sensations agréables elle lui réserve quand elle le porte à réunir auprès de lui, à nourrir, à élever ces êtres doués d'un faible rayon vital, qui payent si généreusement les soins qu'on leur prodigue et dont l'aspect si doux imprime un nouveau charme aux plaisirs de la vie indépendante!

Les travaux rustiques ont le double avantage de développer les facultés physiques dans une atmosphère large, qui donne à la santé une sorte d'énergie qui rend la joie toujours pure, excite la pensée à des combinaisons jusqu'alors inaperçues, et a la puissance de lancer le génie investigateur sur des routes encore inexplorées, où la nature lui dévoile de nouveaux mystères. L'agriculture appelle aussi l'homme probe à répandre ses bienfaits sur la paisible population des campagnes, à alléger les fatigues de ceux qui ouvrent le pénible sillon, et sont exposés, tout le jour, à l'ardeur d'un soleil brûlant. Elle sollicite sa paternelle direction afin de les tenir sans cesse éloignés du faste trompeur des cités, et de leur faire chérir l'innocence et l'utile industrie des champs.

2.

Ce serait aussi sortir des limites que je me suis fixées que de développer ici les principes sur lesquels l'agriculture repose ; je n'entends point écrire un cours pratique ni descendre aux détails d'une série d'expériences non interrompues et de recherches approfondies. On a, sur ce sujet, un grand nombre d'ouvrages, dont fort peu nous offrent, il est vrai, une lecture utile, et moins encore des préceptes susceptibles de s'appliquer aux circonstances les plus ordinaires dans telle ou telle autre localité. Parmi les anciens écrivains d'agriculture, on vante *Caton*, *Varron*, *Columelle* et *Palladius* ; les modernes en citent un plus grand nombre appartenant à diverses nations.

Les uns et les autres ont plutôt rendu compte des travaux exécutés de leur temps que soumis la nature à des essais. Ils ont plutôt éclairé les résultats obtenus qu'élevé leurs regards vers les premières lois qui régissent la végétation, qu'étudié les diverses périodes de la reproduction, que calculé la variété des circonstances physiques, des terres et des climats. Quand on lit les ouvrages sortis de leur plume, il ne faut donc pas s'étonner d'y voir le pour et le contre, de trouver, à côté de grandes pensées, des vues étroites et opposées les unes aux autres. Ce sont ces contradictions qui entretiennent les cultivateurs dans l'indifférence qu'ils ont de tout temps manifesté pour l'instruction écrite. Ce sont elles qu'il faut accuser, si le premier des arts est livré généralement à une aveugle routine, si ses procédés sont encore sous le joug de pratiques vicieuses. Cependant, et il faut le dire sans détour, dans ces derniers temps plusieurs hommes distingués ont tenté de s'ouvrir une voie nouvelle et fait de nobles efforts pour mieux connaître la marche de la nature. *Hales* dans sa *statique des végétaux*, *Tull* avec son système de culture, *Home* dans ses *principes* de la végétation, *Bonnet* par ses *observations sur les feuilles*, *Duhamel* par tout ce qu'il a écrit sur l'agriculture, ont ramené cette science, la première de toutes, vers les études physiques, la chimie et la mécanique qui peuvent la perfectionner, qui agrandissent sa sphère, et qui, par une théorie saine, décideront le praticien à secouer les entraves qui embarrassent sa marche, à s'enrichir de l'expérience des autres, à adopter des méthodes plus simples, plus régulières et plus profitables.

3.

Mon plan est de chercher quels sont les moyens à employer pour hâter l'époque de ce perfectionnement, et agrandir l'influence que l'agriculture exerce sur la propriété des États, à voir quelle proportion doit exister entre les produits de la terre, les besoins des hommes et l'industrie particulière des pays ; comment on peut employer le superflu, quelles sont les mesures à prendre et celles qu'il importe de détruire pour préparer, pour entretenir un juste équilibre.

Je considère l'agriculture comme une

branche essentielle de l'arbre politique, et comme telle, elle embrasse cinq sortes d'industries primitives, auxquelles on doit tous les autres arts : ces industries primitives sont la culture des terres, l'économie pastorale, la pêche, la chasse, et la préparation des métaux destinés à former les instruments et ustensiles nécessaires à l'exercice de ces différents arts. Je traiterai d'abord de l'agriculture : elle est la plus intéressante.

CHAPITRE PREMIER.

OBSTACLES QUI S'OPPOSENT AU PERFECTIONNEMENT DE L'AGRICULTURE ET DES MOYENS PROPRES A LES LEVER.

1.

Tout ce qui blesse l'intérêt veut être bien connu dans sa cause, afin de combattre celle-ci, de la détruire, et donner à ce mobile puissant de nos facultés toute son énergie, tout son développement. L'intérêt commun naît de l'intérêt privé ; quand ce dernier est en opposition avec le premier, le tort provient des lois qui les désunissent. Il tient le milieu entre les choses vers lesquelles le besoin nous entraîne et celles qui ne s'acquièrent que par la fatigue et la douleur. C'est le point qu'il faut saisir pour combiner ensemble le plaisir et la peine, les confondre, et en tirer parti.

5.

Partant de ce point de vue morale, il nous est facile d'apercevoir quels obstacles entravent la marche progressive de l'agriculture, la plus fatigante et la plus dispendieuse de toutes les industries, parce que toutes ses combinaisons tendent plutôt à accroître les fatigues de ceux qui s'y livrent qu'à augmenter la somme du profit ou seulement l'espoir de ce profit : ce qu'il faut faire pour diminuer la crainte du mal, que la paresse exagère, c'est de rendre plus palpables les avantages qui couronnent le travail.

L'établissement du prix des denrées détermine à laisser la terre inculte, à abandonner la charrue; il force l'habitant des campagnes à se jeter dans les villes, pour y chercher des travaux sédentaires et plus lucratifs. Ces faits, que nous allons examiner, sont la conséquence, incontestablement nécessaire, du peu de valeur des produits de la terre, lesquels cependant constituent la seule et véritable richesse des nations.

6.

Premier obstacle.—L'imperfection des instruments adoptés par le cultivateur routinier les rend inutiles et s'oppose au progrès de l'agriculture ; l'habitude les conserve avec obstination, et la paresse naturelle à l'homme ne permet pas d'en adopter d'autres plus simples et moins connus, tant que l'aiguillon de la nécessité ne vient pas les lui imposer. Partout on retrouve les mêmes vices dans les charrues, dans les formes lourdes et étroites des chars, dans tout l'attirail rustique ; le grand point serait d'en mettre sous les yeux des colons de plus parfaits, de plus commodes. Le mécanicien habile devrait porter ses méditations sur ces objets, base de l'opulence durable des États ; il sait mieux que personne combien il importe d'unir la simplicité et le bon marché à la promptitude et à la bonté des opérations. De tels perfectionnements rendraient son nom cher aux nations, et au siècle qui les verrait éclore.

7.

Second obstacle. — Le défaut de soins que l'on apporte dans le choix de l'habitation, de la nourriture et des vêtements de la classe la plus laborieuse et la plus utile de la société ; le manque total des secours les plus urgents dans les cas de maladie. Un pain mal fait et noir, une eau souvent louche et chargée de limon, pas de vin (ou, quand il y en a, il est acide ou tourné), quelques autres substances rances et nauséabondes, voilà, en général, les aliments auxquels est réduit le laboureur infatigable. Sa famille nombreuse, couverte de tristes haillons, se presse sous un chaume étroit que le froid pénètre de toutes parts, et pour s'abriter contre ses rigueurs elle est obligée de vivre pêle-mêle avec les bestiaux, dont les émanations surchargent singulièrement une atmosphère déjà concentrée, et la vicient de plus en plus. Telle est cependant la triste destinée réservée à nos frères, telle est l'affreuse nécessité à laquelle les condamnent nos goûts dédaigneux et frivoles.

Mais pourquoi s'arrêter devant ce pénible tableau, s'il n'est point une conséquence inévitable de l'état du cultivateur, mais bien celle du mode d'exploitation qui tend incessamment à en avilir les produits par l'habitude de les multiplier sans bornes. En dépréciant le signe de convention, on tarit les sources de la confiance, tandis qu'en le maintenant à sa valeur, on s'assure de toutes les manières, les biens et les commodités de la vie.

Je ne prétends point approuver le chimérique projet de rendre tous les individus également aisés, également pourvus de tout ce qui leur est nécessaire. Une semblable idée se détruit par elle-même. La nullité du travail engendre le malaise général. — Je veux seulement lui montrer comment du principe établi découlent les causes qui suspendent le perfectionnement du premier des arts. L'avilissement du prix des denrées diminue le produit net aux mains du propriétaire. Celui-ci, toujours avide d'argent, habitué au luxe, aux exigences d'un rang imaginaire, ne s'inquiète pas du mal qu'il produit : il veut être payé, et pour arriver à ses fins il arrache jusqu'au dernier morceau de pain au fermier qui est en retard. — Rarement ce dernier trouve à se procurer une avance même légère sur une récolte incertaine, et cependant cette avance lui permettrait non-seulement de satisfaire aux premiers besoins de la vie, mais encore d'en verser une portion sur la terre qu'il exploite, afin d'en obtenir par la suite une production plus importante, une juste récompense. Loin de là, les idées sur ce sujet sont arrivées à tel point, que l'axiome barbare : *Plus l'habitant de la campagne est pauvre et tourmenté, plus il travaille, plus son industrie est active*, se trouve enraciné dans toutes les têtes. Tant il est vrai que, là où l'intérêt domine, il n'y a plus de place pour la vérité, pour les généreuses pensées. Il y a une grande distance entre les ressources de la nécessité et les moyens que donne la prospérité. Quelle que soit sa position, il faut que l'homme vive. Il est évident qu'au sein même de l'oppression la plus insupportable l'industrie emploie les plus grands efforts pour atteindre à ce but. Mais, il faut l'avouer, les résultats qu'elle obtient sont presque nuls; ils arrivent lentement et ne peuvent être mis en parallèle avec le courage que nourrit l'espoir d'une prospérité toujours croissante.

Les laboureurs, vrais soutiens des nations, sont livrés à la misère, exposés aux maladies de langueur, et, après bien des tourments, à être éloignés de leurs familles, privés des soins et de la tendre assistance des personnes qui leur sont le plus chères, ensevelis dans les hôpitaux, où ils se voient abandonnés à la tutelle d'hommes endurcis aux souffrances et indifférents aux plaintes du patient. Les hôpitaux sont d'une haute utilité à l'art de guérir; ce sont des monuments dignes de la munificence et de la charité publiques; mais l'institution en elle-même est mal conçue, quand il s'agit de porter les premiers secours afin de prévenir les maladies et la mortalité qu'elles causent. Je voudrais que les hôpitaux fussent chez eux. D'une part le malheureux y gagnerait; de l'autre, il y aurait profit pour le trésor public, épargne d'un grand nombre de salariés, et moins de dilapidations auxquelles détermine la vue du luxe : l'État y trouverait encore l'avantage de multiplier les fondations utiles, et de faire jouir de la bienfaisance publique tous ceux qui y ont réellement droit.

Je voudrais aussi, et en cela je suis d'accord avec les plus habiles économistes, que la classe respectable chargée de l'instruction religieuse, j'entends parler des ministres du culte, étendît le bienfait des lumières et ses soins au delà du dogme, toujours respectable, quoique parfois inutile, qu'elle s'enquît des besoins de l'homme des champs, de sa manière de vivre, et qu'au lieu de discussions oiseuses sur les cas de conscience, elle s'occupât d'études relatives à l'agriculture et à l'art de guérir. Certes il ne manque point, parmi les ecclésiastiques, de personnes capables de remplir ces vues généreuses; mais l'éducation première qu'on leur impose, les susceptibilités que l'on attache à leur ministère, l'absence de toute connaissance étrangère à la théologie rendront pour longtemps le nombre des sujets très-petit.

8.

Troisième obstacle. — Le manque d'instruction. Sans aucun doute, le laboureur ne doit point amollir ses membres nerveux dans des études sédentaires; il n'a nul besoin de courir une carrière qui l'ennuierait, lui ferait déserter les champs et lui rendrait plus fatigantes encore les pratiques agricoles; mais a-t-on raison de le condamner à une ignorance complète, à une ignorance telle, qu'elle lui ôte les moyens de bien apprécier l'importance de son état, de découvrir toutes les ressources, et de chercher les moyens de se garantir des accidents qui le menacent ailleurs qu'au delà des bornes du juste et du vrai? Lire, écrire, compter, posséder les bonnes méthodes, les éléments simples et clairs de sa profession, ainsi que les principes d'une morale douce et toute persuasive, devraient constituer sa science. Ces connaissances lui suffiraient pour coordonner, pour étendre ses idées; elles le rendraient plus docile aux progrès de l'agriculture, plus propre à saisir les avantages qu'ils assurent; elles lui ouvriraient les yeux sur le danger des mauvaises actions et sur les suites déshonorantes qu'elles entraînent inévitablement. C'est, en effet, l'ignorance seule qu'il faut accuser des crimes que commet fréquemment la dernière classe de la société.

9.

Quatrième obstacle. — La difficulté des transports arrête l'écoulement des denrées, on élève le prix, sans que cette augmentation tourne aucunement au profit du producteur. Les grandes routes peuvent se comparer aux veines et artères qui portent le sang dans toutes les parties du corps; mais, comme il ne suffit pas que celles-ci soient libres de toute entrave, il faut encore que leurs plus petites ramifications, jusqu'à celles que l'œil ne peut saisir, se trouvent sans encombre d'aucune sorte. De même, dans le corps politique, les routes doivent être solidement établies, aboutir aux grandes cités, faciliter les moyens d'échange d'une partie de l'intérieur avec l'autre. Donner uniquement ses soins aux grandes routes et négliger celles qui communiquent de commune à commune est une faute grave; c'est cependant celle que commettent le plus habituellement tous les gouvernants. Nous n'indiquerons pas ici ce que la police intérieure doit faire pour les entretenir dans le meilleur état possible, nous nous contenterons, en passant, de consigner les remarques suivantes :

1° L'expérience et la raison prouvent que l'ouverture et l'entretien des routes sont un puissant stimulant pour l'agriculture, parce qu'ils facilitent le commerce des denrées et rendent les moyens de transport moins coûteux. L'augmentation de valeur tourne non-seulement à l'avantage de la production et du marchand, mais elle donne encore plus d'aisance au cultivateur, et, par suite des dépenses qu'il fait, il anime toutes les professions qui ont quelques rapports avec ses besoins. Plus, il y a profit pour les arts qui en font usage. Si l'augmentation du prix provient, au contraire, des difficultés que l'on rencontre dans les moyens de transport, il en résulte un accroissement de dépenses pour le vendeur et pour l'acheteur, qui rend cette augmentation nuisible à l'un comme à l'autre, puisqu'il faut d'abord déduire du produit de la vente ces frais, qui ne profitent nullement à la production, et sont absorbés par les conducteurs. La limite dans l'augmentation des prix, par suite d'un commerce plus étendu de la production, est déterminée par la concurrence générale, c'est-à-dire par le prix courant des marchandises fournies par les nations avec lesquelles on est en relations amicales. La limite dans l'augmentation du prix causée par la difficulté des moyens de translation n'est connue que par la ruine des cultures, que par les frais absorbant le produit net.

2° Tous les économistes conviennent que les transports par eau sont préférables à ceux qui se font par voie de terre. Ceux-ci coûtent un cinquième de plus que les premiers. Par la voie d'eau, on transporte quatre fois plus loin les marchandises, dans un temps donné, que par la voie de terre.

3° Aux temps de la république comme sous les empereurs, les anciens Romains ont constamment employé leurs troupes victorieuses à la construction et à l'entretien des routes ; les restes que les siècles et les révolutions politiques nous ont conservés en révèlent et la solidité et la longue durée. Ils savaient aussi, les vieux Romains, qu'en occupant les soldats à d'utiles travaux pendant la paix, c'était le moyen de les maintenir en santé, de les obliger à vivre au grand air, d'accroître leurs forces, et de faire tourner au profit de tous les dépenses que nécessitaient leur solde et leur entretien. Comme quelques écrivains ont proposé d'appliquer ce mode aux âges actuels, j'ai pensé qu'il ne serait pas inutile d'en faire mention ici. Il faut souvent parler d'une chose quand on veut fixer sur elle l'attention générale.

10.

Cinquième obstacle. — Les propriétés rurales sont concentrées dans un trop petit nombre de familles. A mesure que l'aisance d'un individu augmente, moins il trouve en lui de facultés morales et physiques pour agir. La certitude d'un avenir assuré diminue l'irritation interne que sollicite l'espoir d'un mieux-être. Certes, les terres divisées à l'infini ne profitent point à l'agriculture, parce que, perdues dans un trop grand nombre de mains, elles n'amènent point à ces fortes dépenses, qui sont l'élément d'une agriculture étendue, grandissant chaque jour. Les terres très-divisées exigent beaucoup de bras et coûtent au propriétaire plus que ne le feraient des bestiaux; les frais absorbent presque entièrement le produit net. D'un autre côté, quand les terres sont toutes réunies entre quelques propriétaires, elles sont d'ordinaire fort négligées; les fonds qui devraient être employés à leur exploitation, et dans la vue d'en entretenir la fertilité, servent à entretenir les caprices du faste, à créer des besoins factices, qui deviennent plus irascibles à proportion que l'inégalité des fortunes est plus grande.

C'est ici l'instant de montrer l'énorme différence qu'il y a entre ce qu'on appelle la *grande* et la *petite culture*. La première est celle du riche fermier qui verse sur le sol qu'il va exploiter un bon capital, et sait associer à son entreprise tout ce qui peut la rendre lucrative, qui paye comptant son propriétaire, et dispose à son gré des récoltes de sa ferme; pour lui, les vices ou les fautes du propriétaire ne tirent à aucune conséquence. Il n'en est pas de même de celui qui met ses terres en petite culture, c'est-à-dire de celui qui loue par petits lots, qui demande moitié des produits à son métayer, et qui se charge, à cette triste condition, de lui fournir la majeure partie des choses nécessaires à l'exploitation. Quand le propriétaire prive alors le sol d'une part de ce qu'il lui faut, sa négligence influe singulièrement sur la culture et sur les résultats qu'elle donne.

La grande culture ne peut exister que là où le commerce des denrées est entièrement libre, et pousse sans cesse la production à une valeur plus forte et plus constante ; tandis que la petite culture devient nécessairement l'unique ressource des pays où la production est limitée et, par conséquent, demeurée toujours au-dessous de la juste valeur que lui donnerait une grande concurrence. Ainsi donc, puisque la compensation nécessaire à l'inégale distribution des terres est dans la haute valeur des denrées, cette circonstance elle-même dépend de la cause générale que nous avons indiquée plus haut ; elle détermine le terme où doit s'arrêter la division des terres, et celui où la grande culture doit se fondre en plusieurs fermes. L'expérience et le calcul, toujours faciles, quand la valeur des terres est constante, uniforme, enseignent alors comment la division doit s'effectuer, comment les terres, éparpillées par suite des successions ou des partages de famille, peuvent être réunies en un seul lot, et doivent être vendues à qui voudrait les cultiver comme ferme. De cette façon la propriété serait divisée, mais non la culture.

Par tout ce qui précède, chacun voit combien il importe à la prospérité publique que les terres soient délivrées du joug des fidéicommis, de ces éternelles mainmortes, qui enlèvent à la circulation et aux espérances de l'industriel toutes les richesses du sol, ou du moins qui en dessèchent la source. Ils perpétuent les privilèges à certaines générations, à certaines classes, tandis qu'ils condamnent les autres générations et les autres classes à une nullité presque totale. Ils permettent aux uns de tout acquérir sans rien risquer, par conséquent d'accaparer pour eux seuls la liberté et l'indépendance politique, qui n'est pas toujours le fait de la prospérité.

Quand, par suite des intérêts divers de familles, il arrive que les terres sont cultivées de manière à en diminuer, chaque jour, le produit net, il serait à désirer qu'elles fussent vendues à celui qui pourrait, à l'aide d'un capital réel et prépondérant, les rétablir dans leur premier état de prospérité. La franchise des terres est liée à l'excellence des cultures, qui devient, à son tour, la base de la longue prospérité d'un pays. L'abus des fidéicommis a été introduit en majeure partie par la vieille aristocratie féodale. Le principe remonte à l'ancienne jurisprudence romaine. Quelque grands que soient les avantages attribués à cette désastreuse coutume, tels dit-on, le besoin de perpétuer le nom et l'illustration de certaines familles, elle aura toujours l'inconvénient grave d'être un obstacle insurmontable aux progrès de l'agriculture, dans le pays qui s'y trouve soumis.

Je ne m'occuperai point des grands possesseurs de mainmortes; il existe sur cette matière délicate tant de bons ouvrages qu'il vaut mieux y renvoyer.

11.

Sixième obstacle. — Défaut de circulation, à l'intérieur, des divers produits de l'agriculture. Quand les denrées sont à très-vil prix et, par conséquent, au-dessous de la valeur que leur attribuent les besoins actuels, le travail que réclame la culture est sans récompense, les frais qu'elle nécessite demeurent à découvert, les avances faites ne rapportent pas le plus mince intérêt; il est tout naturel de voir l'agriculteur négliger une profession qui lui est inutile, onéreuse et souvent même très-funeste. Toutes les fois que, par des règlements intempestifs et mal calculés, vous contraindrez les denrées à demeurer dans le lieu qui les a produites, leur abondance causera le malaise de tous;

tombées ainsi au-dessus de leur valeur, elles ne payeront plus le producteur de ses longues fatigues. C'est pour éviter pareille faute que les Hollandais sont dans l'usage de brûler une grande partie des aromates qu'ils recueillent exclusivement dans l'île de Ceylan ; en n'en laissant point avilir la valeur vénale, ils ont conservé le droit d'en pourvoir les nations les plus lointaines. Cet exemple est bon à suivre. La reproduction des matières dont la circulation est prohibée diminue peu à peu, puisque tout à coup d'une abondance outre mesure on passe à la pénurie la plus désolante, et l'on arrive à la stérilité la plus complète. Du moment que dans un canton les denrées sont très-rares, on ne voit plus d'acheteurs ; le travail des diverses professions qui en recevaient la vie cesse :

tout demeure dans une inaction fatale. Il est donc utile que, sur tous les points d'un pays, le trop-plein de l'un arrive à l'autre qui en manque, que l'abondance de l'un prévienne la disette qui menace l'autre, et que l'on établisse ainsi l'équilibre partout. La libre circulation intérieure en est le moyen : par elle les cantons même les plus éloignés sont unis ensemble ; elle seule remédie aux malheurs ; elle seule prévient les désordres et, par conséquent, l'infraction des lois qui, sans elle, devient imminente.

12.

Septième obstacle. — L'abjection extrême où la profession du laboureur est tombée. Tous les arts et métiers veulent être honorés non-seulement à cause de leur propre nécessité, mais encore à cause de leur utilité combinée avec celle des matières qu'ils mettent en œuvre. On doit certainement distinguer ceux qui demandent le plus de constance, le plus de talents et le plus de combinaisons; mais pourquoi se refuser à placer sur ce rang l'agriculture? On la regarde comme un simple travail manuel qui n'expose à aucun risque, qui n'a besoin ni d'études ni de calculs; et, d'après cette fausse idée, on laisse dans l'oubli le plus profond le laboureur qui fertilise les campagnes, on dédaigne de lui faire entendre la voix d'une juste reconnaissance, d'éveiller en lui le sentiment de sa dignité; on le condamne à une pénible nullité, comme si la sueur qui coule de son front ne profitait pas à tous. Pourquoi le plus laborieux parmi les cultivateurs d'un village n'obtient-il pas un signe distinctif, qui, tout en fixant les regards de ses égaux, exciterait une louable émulation et leur préparerait un meilleur avenir? L'ambition se fait jour dans les plus humbles conditions comme dans les plus élevées. Le petit méprise les grands autant, peut-être plus encore, que ceux-ci le dédaignent; et, ce qu'on ne peut contester, c'est que chacun aime à briller au-dessus de son semblable, chacun se plaît à dominer ceux qui partagent ses plaisirs, ceux qui vivent dans la même atmosphère, qui aspirent au même bonheur. Une décoration appendue au cou bronzé du laboureur attirerait sur lui les yeux et le rendrait superbe de ses travaux, de ses améliorations; tous voudraient l'imiter, tous voudraient mériter son approbation et obtenir les mêmes honneurs.

Ne nous appesantissons point sur ces idées, qui paraîtront singulières parce qu'elles sont inusitées; contentons-nous de dire que la saine politique réclame pour l'agriculture les mêmes encouragements que pour les autres arts. Elle veut que les lois protégent contre l'orgueil du puissant celui qui fertilise le sol, qu'elles couvrent de leur égide tutélaire et son habitation et le pain dont il se nourrit.

13.

Huitième obstacle. — L'excès des impôts ou leur absence totale. L'excès des charges nuit à l'existence même de l'agriculture, en ce que le travail des ouvriers n'étant point gratuit et l'impôt excédant la masse des productions, en ne laissant rien après lui quand les frais de culture ont été prélevés, le sol ne tarde pas à perdre les bras qui le labouraient et à devenir stérile. De même l'absence absolue d'impôts ou leur quasi-nullité ne fournissant rien aux caisses publiques, le gouvernement est hors d'état de garantir la propriété, de protéger le commerce, d'ouvrir et de réparer les routes, d'entretenir les canaux, d'encaisser les eaux courantes, de prévenir, en un mot, les désordres de toute espèce qui menacent l'état social.

CHAPITRE II.

DE LA PETITE ET DE LA GRANDE CULTURE.

14.

Ce n'est pas précisément la grande quantité, la quantité absolue et totale du produit qui constitue la prospérité d'un État, c'est la plus grande quantité du produit utile et disponible. Si une partie de ce produit est consommée immédiatement par les producteurs, il n'y a que l'avance qui ait une valeur vénale, qui serve à salarier les ouvriers, qui sorte du pays, qui paye les impôts, qui donne le mouvement à la masse des intérêts politiques d'une nation. Citons un exemple. Sur 1 million de mesures, s'il en est dépensé moitié pour les frais immédiats de la production, il n'en reste plus qu'une moitié disponible à l'avantage de la chose; si, au contraire, par suite d'un changement apporté dans le mode de culture jusqu'alors adopté, le produit n'est que de 800,000 mesures, et qu'il en faille seulement 200,000 pour la consommation du producteur, il resterait 600,000 mesures, que l'on pourrait faire refluer là où il y aurait pénurie. Le principal objet de l'homme d'État et de l'économiste doit donc être de s'occuper non pas de l'augmentation du produit total, mais bien de celle du produit disponible ; non pas de la récolte absolue, mais bien du trop-plein, les frais déduits.

15.

Quand on considère abstractivement l'agriculture perfectionnée, on croit que la culture à bras est plus productive que celle obtenue à l'aide des animaux domestiques ; mais l'économiste ne s'y trompe point, parce qu'il suppute ensemble les dépenses qu'exigent les ouvriers que l'on occupe avec celles que coûtent les animaux et les profits qu'ils donnent. Si quelqu'un pouvait être séduit par l'apparente richesse d'une terre qui porte successivement, dans le cours de l'année, différents genres de productions, et qu'il ne calculât que les bénéfices du total obtenu, il se tromperait certainement, s'il négligeait de s'assurer de la portion disponible, de voir le prix marchand qu'on peut en retirer, et s'il ne défalquait point de la masse ce qui est nécessaire à la consommation du producteur. Quand une terre susceptible de donner un beau froment est frappée par les intempéries et ne rapporte plus qu'un mauvais grain, à peine suffisant pour nourrir de misérables cultivateurs, que reste-t-il au propriétaire, au producteur lui-même? Au lieu que celui qui compte moins de frais d'exploitation, qui a, par-devers lui, de fortes sommes provenant d'un produit net disponible, peut supporter plus aisément une perte aussi notable. Tout le mal vient donc de ce que le produit net est nul dans le premier cas, et l'avantage du second de ce que le produit net est toujours certain.

16.

Sous ce point de vue, les économistes français ont établi une distinction remarquable. Ils divisent l'exploitation des terres en grande et petite culture. Ils appellent *grande culture* celle qui se fait avec des chevaux par un fermier aisé qui paye son propriétaire en argent comptant et qui dispose librement du produit de ses terres. *La petite culture* est celle qui se fait à l'aide des bœufs par un métayer, ou locataire, qui partage le produit des récoltes avec le propriétaire. Je ne rapporterai point les raisons qu'ils donnent en faveur de la grande culture; je laisse à chacun le droit de discuter et de se faire une opinion à cet égard ; mais il est utile de connaître les éléments sur lesquels doit s'établir la discussion de l'un des points les plus importants de l'économie publique d'une nation agricole.

17.

Les agriculteurs privés des leçons d'une longue expérience ne sont pas, selon les mêmes économistes, en état de se prononcer sur la question de savoir quelle est la plus utile des deux méthodes, de la grande ou de la petite culture. Le manque de connaissances nécessaires pour établir avec précision la différence existant entre les résultats de la méthode que l'on suit dans le canton qu'ils habitent, qu'ils ont adoptée par routine, et les avantages d'une autre méthode, ne leur permet de choisir ni d'évaluer ce qu'elle produirait sous l'influence de chances malheureuses ou le stimulant de circonstances favorables, encore moins de la considérer dans ses rapports actuels avec la valeur des produits soutenue par la libre circulation, avec la nature de l'impôt et son mode de recouvrement. Les cultivateurs qui ont de l'aisance sont seuls aptes à entreprendre la grande culture, parce que la première mise hors de fonds est très-forte, qu'ils peuvent attendre deux années pour opérer la vente des récoltes; que si elles ne répondent pas de suite à leur attente, que si elles ne couvrent point les frais déjà faits et ceux qu'il faut faire encore, ils n'en éprouvent aucun malaise sensible : plus tard, ils retrouveront largement ce qu'ils perdent aujourd'hui. Dans la petite culture, au contraire, une grande partie des récoltes est absorbée par les avances qu'il faut faire sans cesse pour entretenir la terre en bon état, et l'on n'a jamais l'espoir bien fondé d'augmenter, un jour ou l'autre, le produit net.

18.

Cela posé, disent encore les économistes français, voyons s'il est vrai que le travail des bœufs soit beaucoup plus lent que celui des chevaux, si les premiers perdent plus de temps dans les pâturages pour y prendre leur nourriture, et si une ferme travaillée par douze bœufs peut l'être par quatre chevaux. La terre qui porte ces pâturages est perdue pour la consommation immédiate; il n'en est pas de même dans les localités où l'on peut nourrir les bœufs avec du fourrage sec, il y a alors double profit à employer ces animaux.

On prétend que les bœufs sont plus robustes que les chevaux, et qu'ils supportent mieux le travail. L'expérience démontre le contraire. Six bœufs voiturent 2 à 3 milliers pesant, au lieu que six chevaux en voiturent de 6 à 7. On dit que le bœuf est préférable dans les pays montagneux et qu'il faut garder le cheval pour les plaines : si le premier fait plus d'efforts que le second sur une ligne parallèle à l'horizon, il retient plus fortement et plus longtemps que lui une charge dans les terrains en pente; il réussit mieux que le second dans les terres meubles, quoiqu'il paraisse vaciller quand ce sol n'est pas solide.

Tout cela, ajoute-t-on, est étranger à la force nécessaire pour ouvrir la terre avec la charrue, et l'on compare cette force à celle qu'exige un poids à traîner.

19.

Ils assurent encore, les mêmes économistes, qu'une charrue traînée par des bœufs, laboure dans les grands jours, environ 3 quartiers (17 ares) de terre, tandis que la même charrue attelée de chevaux labourerait 1 arpent et 1/2 (77 ares). De la sorte, là où quatre bœufs se mettent à une charrue, il en faut douze pour trois charrues destinées à préparer environ 2 arpents (1 hectare) de terre par jour ; au lieu que trois charrues tirées, chacune, par trois chevaux en travailleraient 4 et 1/2

(2 hectares 30 ares) dans le même espace de temps. A six bœufs par charrue, les douze bœufs qui les mèneraient, laboureraient 1 arpent et 1/2 (77 ares), au lieu que huit chevaux attelés à deux charrues en laboureraient 3 (1 hectare 53 ares). A-t-on besoin de huit bœufs par charrue, trois de ces instruments fourniraient 2 arpents (1 hectare), tandis que quatre forts chevaux, suffisants pour une charrue, vingt-quatre chevaux ou six charrues en façonneraient 9 (4 hectares 60 ares). En réduisant ces différents cas à un terme moyen, on voit que le travail de douze bœufs équivaut à celui de quatre chevaux.

Selon eux, l'usage des bœufs convient mieux dans les lieux ingrats et montueux, où il n'y a que des petites portions de terre disséminées qui soient cultivables. L'emploi des chevaux y coûterait beaucoup et ne serait nullement en rapport avec le produit du sol. Les bœufs, d'ailleurs, s'attellent à des charrues construites exprès pour ces sortes de terrains. Les terres légères, peu propres à produire de l'avoine, sont dans le même cas; heureusement il y a peu de ces sortes de terrains; le plus grand nombre appartient à la catégorie des bonnes terres et des terres fortes. Partout où l'on ne laboure avec des bœufs qu'au défaut de fermiers en état de soutenir convenablement une grande culture par le moyen de chevaux, les propriétaires n'osent pas confier aux métayers des troupeaux de moutons, dont le fumier, le parcage et les autres produits enrichiraient le laboureur, dans la crainte que ces troupeaux ne soient mal gouvernés et qu'ils ne périssent de misère, ce qui est un grand inconvénient. Un autre non moins préjudiciable, c'est que les bœufs confiés aux métayers sont occupés le plus souvent, au détriment des cultures et pour le profit seul du métayer, à des charrois qu'il va cherchant partout; l'entretien des terres ne l'occupe presque point. Aussi les voit-on rester en friche; elles tombent de valeur, et, converties en vaine pâture, elles cessent de rapporter au propriétaire et d'être utiles au pays.

20.

On a calculé la dépense que les bœufs occasionnent comparativement avec celle des chevaux; en voici le tableau :

Le prix d'un cheval de labour est évalué, l'un dans l'autre, à 300 francs; celui d'une paire de forts bœufs à 400. Le cheval peut servir pendant douze années, le bœuf seulement six; passé ce temps, attendu son état de maigreur, il faut le vendre ou l'engraisser, et le livrer à l'abattoir. Ces faits une fois posés, nous dirons : quatre bons chevaux ayant exigé une avance de 1,200 francs, l'intérêt de ce capital pour douze ans étant de 720 francs, il en résulte que, au terme de ce laps de temps, on aura dépensé et perdu 1,920 francs. D'un autre côté, l'équivalent des quatre chevaux étant, ainsi que nous l'avons dit plus haut, de douze bœufs, ceux-ci coûteront, à raison de 400 francs la paire, 2,400 francs; l'intérêt pendant six années montera de même à 720 francs, ce qui donnera un total de 3,120 francs. En supposant qu'on les vende maigres, après la sixième année de travail, 150 francs chacun, on retirera des douze bœufs une somme de 1,800 francs; on essuiera donc une perte de 1,320 fr. en six années, de 2,640 fr. en douze années. La dépense du bœuf est donc de beaucoup supérieure à celle des chevaux, puisqu'elle la dépasse, dans le le même intervalle, d'une somme de 720 francs.

21.

Ces motifs, et beaucoup d'autres que nous passons sous silence, rendent au moins problématique la préférence que quelques personnes donnent aux bœufs sur les chevaux pour l'avantage de la culture. S'il m'était permis de hasarder mon avis sur une question aussi compliquée par la grande variété des circonstances de chaque localité, je dirais que le point essentiel n'est pas dans l'emploi des bœufs plutôt que dans celui des chevaux, quoique ce soit là précisément la différence que l'on met entre la grande et la petite culture, mais bien dans la trop grande division des terres confiées à de pauvres métayers qui sont hors d'état de verser sur le sol qu'ils exploitent un capital quelconque, à des malheureux qui ne reçoivent de leurs propriétaires indifférents et avides qu'un faible secours, insuffisant pour parer aux dépenses les plus urgentes. Cette double faute donne un triste produit ; le propriétaire est déçu dans son attente, l'industrie n'en retire aucun avantage, et les caisses de l'État n'en obtiennent pas le plus léger soulagement. Il n'en est pas ainsi de la culture confiée à un fermier aisé qui sait ajouter à la richesse du sol un fonds capable de doubler sa valeur actuelle. Mais la grande culture ne s'établira jamais là où les denrées sont à vil prix, parce qu'on n'y trouve pas de quoi rentrer avec certitude dans les frais de culture, dans les avances à faire pour le propriétaire et pour l'entretien de l'exploitateur.

CHAPITRE III.

PLAN A SUIVRE POUR FAIRE PROSPÉRER L'AGRICULTURE.

22.

Après avoir fait connaître les différents obstacles qui s'opposent à la marche progressive de l'agriculture et indiqué les voies à suivre pour les détruire, chacun dira, comme nous, que les moyens d'encouragement sont précisément l'opposé de ce que nous avons appelé *entraves*. Ces moyens sont l'étude des sciences qui servent d'escorte et d'appui à l'agriculture et qui en forment le complément, l'hygiène rurale, la protection due par les lois aux récoltes, l'instruction des habitants de la campagne, et par-dessus tout la haute valeur des produits, qui est la conséquence de la liberté du commerce et d'un grand concours de consommateurs. Il ne faut point laisser plus longtemps l'art nourricier, l'art par excellence, qui constitue la richesse des nations et leur assure une longue et brillante existence, aux mains d'une aveugle et mensongère routine, en proie à des traditions superstitieuses et destructives. Sans doute, de semblables améliorations exigeront un bon nombre d'années; on ne détruit point en un jour ce que l'intérêt et l'ignorance ont rendu tyrannique, ce qu'ils ont dicté à l'habitude obstinée.

25.

Il serait à désirer, dans ce siècle de lumières et d'investigations, que la philosophie détachât ses regards des sphères célestes pour les fixer sur la terre qu'habitent les hommes, et qu'elle daignât s'occuper des lois qui régissent la végétation. Dans le nombre des académies où l'on aime tous les titres pompeux, où l'on prend tant de soins à discuter de brillantes et oiseuses expressions, où l'on voit vieillir l'infatigable antiquaire, tenant aux mains une pierre rongée par le temps, sur laquelle sont tracés les vœux imbéciles d'un obscur Romain, qui croirait que notre Italie, antique foyer de la richesse des nations, compte à peine deux ou trois corps savants qui consacrent leurs veilles et leurs connaissances aux choses essentiellement liées au mieux-être et à l'humanité, je veux dire aux moyens d'accroître la somme des biens et des commodités de la vie?

24.

Sans aucun doute, les associations académiques sont importantes pour les sciences qui demandent une longue application. Si elles n'amènent pas toujours à des découvertes utiles à tous, elles entretiennent au moins l'émulation, elles appellent aux lumières, elles étendent l'instruction, et récompensent l'emploi du temps. Leur existence concourt à l'avantage général, quand il s'agit de constater, d'approfondir des faits variés à l'infini et très-multipliés, dont l'étude demande non-seulement beaucoup de temps et une constance soutenue, mais encore entraîne à des frais qui excéderaient les forces privées. Leur existence est bonne à quelque chose quand il y a des préjugés à vaincre, des habitudes à changer, des intérêts opposés à réunir. Aussi est-ce particulièrement sous ce dernier point de vue qu'une société d'agriculture serait, à mon avis, cent fois plus utile que la plupart des académies fondées jusqu'ici.

25.

Il est rare de rencontrer un cultivateur qui réunisse à l'inquiète curiosité des essais la possibilité de lui sacrifier, pendant plusieurs années de suite, une partie de son terrain, quand il sait surtout, à l'avance, que son expérience diminuera d'autant ses revenus, et que la somme qu'il doit mettre dehors ne lui profitera peut-être aucunement. En effet, dans le grand nombre d'essais auxquels on se livre avec une persévérance imperturbable, il n'en est souvent qu'un seul qui soit réellement utile et concluant.

De plus, de semblables essais ne peuvent se faire sur une petite échelle, faute cependant que commettent presque tous les expérimentateurs; trop en petit, les essais ne nous permettent pas de saisir une foule de circonstances légères en apparence, mais essentielles à connaître pour que l'expérience tentée en grand ne soit point trompeuse. Pouvons-nous être certains d'avoir entrevu la vérité sous toutes ses faces, quand nous ne lui avons pas donné l'attention convenable, et si nous n'avons point cherché à varier le phénomène afin de l'éclairer davantage, afin d'acquérir une certitude mathématique, un fait incontestable?

26.

La lenteur des opérations de l'agriculture et des améliorations apportées à ses divers procédés est telle, qu'elle absorbe la vie de plusieurs hommes, et qu'elle ajoute rarement aux doctrines reçues. Le concours simultané de beaucoup d'actions est donc nécessaire pour arriver plus vite et plus sûrement à des résultats, pour obtenir de plus prompts succès, pour compenser, en un mot, l'inutilité de quelques tentatives hasardées par la fréquence et le nombre des grandes expériences.

Une association dont tous les membres seraient mus par le même intérêt, les mêmes idées, ferait plus pour la science et pour la société, dans le cours d'une année, que les plus grands efforts de quelques individus bien intentionnés, travaillant isolés. Son exemple éveillerait l'émulation. Elle pourrait adopter un plan raisonné d'observations à faire et d'expériences à tenter ; les personnes qu'elle chargerait de la diriger devraient posséder l'art difficile de scruter la nature, de comparer ensemble les phénomènes connus et indépendants avec ceux qui se développeraient sous leurs yeux. Elles devraient procéder, appuyées sur le doute qui pèse les choses avant de les croire, de les publier quelque communes ou extraordinaires qu'elles soient. Elles devraient aussi savoir se mettre à la portée de la plus faible intelligence, afin de mieux attirer la confiance du laboureur. Il faudrait enfin qu'elles sussent, des plus petits détails, remonter à la hauteur de la science, et de là redescendre aux enquêtes les plus minutieuses. Mais tous les travaux d'une semblable institution auraient besoin du concours du pouvoir, afin de bien régulariser leur marche et arriver plus sûrement au but. Quand l'œil et la munificence de l'autorité légale s'étendent sur les occupations privées des citoyens, elles en acquièrent une vigueur nouvelle, un développement remarquable. L'union de l'industriel et des dépositaires du pouvoir fait jaillir la vie dans toutes les parties de l'État.

27.

Il conviendrait donc :

1° De fonder, sous la direction d'un homme instruit et expérimenté, un établissement où l'on admettrait un certain nombre de jeunes gens, pour y être façonnés à tous les procédés de l'art agricole. On exigerait d'eux qu'ils eussent déjà quelques connaissances en chimie et en mécanique, ces deux sciences étant à l'agriculture ce que la géographie et la chronologie sont à l'histoire.

2° D'attribuer à cet établissement une étendue suffisante de terrain, pour qu'on y trouvât à peu près réunies toutes les sortes d'expositions et de natures de sols, et que l'on pût s'y livrer aux essais en grand, qui seuls conduisent à des résultats positifs, et peuvent convaincre le routinier revêche et intraitable.

3° D'imposer à cet établissement l'obligation de varier ses travaux, mais de ne point s'abandonner à de vaines futilités, à des doctrines mal assises. C'est pour cela que je préfère les jeunes gens aux personnes d'un âge mûr; ces derniers sont moins faciles que les premiers à fraterniser ensemble, à se rendre mutuellement compte de leurs études, de leurs tentatives. Avec l'âge, le caractère devient tenace, l'amour-propre est plus irritable, la critique moins réservée, et elle est empreinte d'une plus forte dose de jalousie.

Par exemple, une des principales opérations auxquelles on aurait à se livrer serait l'examen analytique des différentes terres et du genre de culture le plus propre à chacune d'elles. La seconde opération aurait pour but la connaissance approfondie des engrais. On opérerait, à cet effet, le mélange des terres avec diverses substances, portées à des doses plus ou moins fortes, afin de mieux saisir les errements de la nature dans ses divers degrés de fertilité ou de stérilité, pour se rendre compte exact des lois d'attraction et de répulsion qui régissent les corps, dans la vue de compléter les leçons que donne l'art de l'expérimentation. On aurait encore à étudier toutes les parties de l'agriculture, à constater ses divers procédés aux différentes époques de l'année rurale, à considérer ses productions sous toutes les faces possibles, c'est-à-dire dans leur conservation, leurs usages et leur mode d'action.

Nos jeunes élèves parviendraient ainsi à s'assurer si l'air est réellement, comme on le dit, le seul principe essentiel de la végétation, et si les engrais n'ont pas d'autre action sur elle que de lui en fournir une plus grande masse; si les molécules aériennes suffisent pour diviser les molécules terrestres; quel est le véritable aliment des plantes ou des sels, ou des huiles, ou de la terre franche, ou des gaz répandus dans l'atmosphère. Ce ne sont point là de stériles spéculations, comme on pourrait le croire. Quand on aura une fois surpris le secret de la nature dans l'acte de la végétation, secret que commencent à entrevoir à peine nos sens désabusés, nous arriverons avec plus d'assurance au moment de déchirer le voile qui nous cache les phénomènes de la vie animale, lesquels sont plus compliqués, et par conséquent plus obscurs que ceux du règne végétal. Mais c'en est assez sur un sujet étranger à nos recherches; le point essentiel pour nous est de réduire aujourd'hui à un petit nombre d'axiomes simples et pleins d'évidence toutes les théories de la taille, de l'irrigation, de la préparation des engrais, de la force élastique de l'air, le véhicule de tous les germes déposés dans la terre.

28.

Ce serait encore, à mon avis, un des devoirs de l'établissement de pénétrer dans tous les détails des diverses cultures adoptées dans le pays, d'écouter le langage diffus du campagnard le plus rustre, et de travailler à lui rendre palpables et familières les vérités physiques les mieux établies, de composer des livres élémentaires et de publier des instructions dans le style le plus vulgaire, pour qu'elles pénètrent avec certitude dans toutes les mains, pour qu'elles soient comprises par les intelligences les plus rebelles. C'est là le seul moyen, le moyen certain de les habituer peu à peu aux complications de nos raisonnements, à l'obscurité de nos termes scientifiques, sous la pompe magistrale desquels les faits sont tristement ensevelis.

L'établissement devrait aussi ouvrir des concours, distribuer des prix dont le gouvernement ferait les fonds, accorder des récompenses au cultivateur soigneux et le plus habile. Tout en sollicitant son intérêt privé, l'on donnerait à ses travaux plus de vogue et plus d'autorité auprès de ses voisins.

CHAPITRE IV.

DE LA PROPORTION A ÉTABLIR ENTRE LES DIVERSES CULTURES.

29.

Quelques économistes ont cru devoir rechercher quelle devait être la proportion à établir entre les diverses cultures d'un pays, c'est-à-dire examiner ce que chacune d'elles avait à fournir à l'État, pour remplir son but d'utilité générale. Je ne pense pas d'abord qu'il soit raisonnable ni même possible de fixer mathématiquement cette quotité, puisqu'elle varie nécessairement à raison des besoins du pays et des vicissitudes atmosphériques. Le climat, la situation politique, la forme de gouvernement de ce pays, ses relations avec les peuples voisins, les espérances futures des habitants, sont séparément et en masse autant de causes et d'effets qui doivent agir sur cette détermination. Le problème demeure donc insoluble.

En second lieu, je ne crois pas qu'une véritable proportion puisse se fixer lors même que l'on jouirait de la plus entière liberté du commerce, parce que, dans ce cas, l'excès de la production diminue de lui-même à raison du bas prix où cette production est tombée, comme aussi la disette d'une denrée cessera dès que son accroissement de valeur décidera les propriétaires des terres à la cultiver. Cependant, avant de montrer les nombreux rapports de l'agriculture avec les autres branches de l'économie publique, je veux placer ici, le plus brièvement possible, quelques idées propres à aider la détermination d'une pareille proportion quand, par suite de circonstances imprévues, il y a véritablement urgence de l'établir, et non pas de l'abandonner aux calculs, toujours lents, toujours étroits, de l'intérêt privé.

30.

De prime abord, on peut mettre en doute qu'un pays uniquement et sur tous les points occupé d'un seul genre de culture, dont le produit circule également à l'intérieur et au dehors, retire plus d'avantage de cette culture que si son sol était appelé à une grande variété de récoltes susceptibles de répondre à tous les besoins. Sans aucun doute, les cultivateurs et les propriétaires fonciers profitent immédiatement de cette uniformité de culture ; mais les autres genres d'industrie manquent non-seulement des matières premières, mais encore des matières accessoires, et ils sont obligés de les aller demander aux pays lointains. Toute la richesse du pays, se trouvant, de la sorte, concentrée aux mains des cultivateurs et des propriétaires de terres, n'arrive qu'en très-faible partie aux autres existences sociales, lesquelles demeurent inactives, tandis que le surplus de l'extrême aisance des premiers, devenus dédaigneux pour l'industrie nationale et impatients de jouissances nouvelles, tourne entièrement au profit de l'industrie étrangère.

Ainsi, lors même qu'une culture uniforme conviendrait au pays, il est plus avantageux à tous, quand la nature du sol le permet, de solliciter de lui une certaine variété de productions. Dans le premier cas, le besoin de l'alimentation de tous est un stimulant pour le travail; dans le second, à cette nécessité se joint encore la jouissance de toutes sortes de matières premières.

Supposons, pour un moment, que le blé soit pour tel pays sa production exclusive, qu'en résultera-t-il? Je n'ignore pas que ce grain est nécessaire à tous les peuples, qu'il alimente tous les arts, qu'il est le véhicule de la population, qu'il doit circuler partout et qu'il détermine à une foule de travaux; mais, quand il surabonde, n'est-il pas urgent de lui ouvrir des débouchés extérieurs, parce que, tombé à vil prix, il tue l'industrie et décide à la paresse? Cette circonstance me fait répéter que le blé ne doit pas être exclusif dans les cultures d'un État bien administré. La supposition admise, on pourra bien voir surgir quelques manufactures, quelques arts prospérer, quelques métiers marcher à l'aide des matières que leur apportent les étrangers; mais quel en sera l'avantage pour la masse des citoyens? le seul, plus ou moins sensible, qu'assure la main-d'œuvre. Toutes les professions dépendantes de ce petit nombre d'établissements privilégiés seront inactives ou sans nul rapport pour la chose publique; elles lui deviendront même onéreuses; il n'y aura plus de communications profitables des classes inférieures avec les supérieures, mais accumulation d'or d'un côté, quand, de l'autre, le gain de la main-d'œuvre sera précaire et constamment placé sous la dépendance des nations chez lesquelles on est obligé de mendier les matières premières.

Citons un autre exemple. Après le blé qui sert à la nourriture de l'homme, il est une autre substance non moins indispensable que l'on peut placer sur la même ligne que les aliments, parce que son usage est un objet de consommation importante et de tous les instants, je veux parler du bois employé au service du ménage, aux besoins habituels des arts et des manufactures. Je comprends aussi dans la même catégorie les huiles et les liqueurs fermentées de toute espèce. Si le manque de ces trois articles se fait sentir, le pays n'a pas les choses de première nécessité, et pour se les procurer il doit recourir aux nations voisines, et par conséquent se placer sous leur dépendance. Plus il arrivera de ces substances, moins les productions du pays auront de valeur; plus il faudra de temps pour les lui amener; plus le prix de la vente sera élevé, plus il y aura concurrence de la part des contrées lointaines où ces mêmes substances sont abondantes. La quantité présente se nuira à elle-même, et bientôt tout tombera dans une langueur forcée; ainsi surgissent du sein des marais ces feux phosphoriques que l'on voit, le soir et durant la nuit, monter en colonnes, briller un moment, puis, refoulés sur eux-mêmes, disparaître dans la fange qui les avait produits.

31.

Considérons à cette heure le même sujet abstractivement. Il y a une limite à la consommation des denrées ; quelles que soient leur abondance et la richesse qu'elles procurent, elles ne peuvent avoir qu'un temps. Comment fixer cette limite? il est bon de le savoir ; et, quoique nous ayons dit plus haut qu'il est souvent plus convenable de l'abandonner à la liberté qui équilibre plus qu'aucune autre force les intérêts des hommes, il n'est pas hors de propos d'examiner sur quelle base on doit porter une étude de cette nature.

Pour dire quelque chose de précis à cet égard, il est bon de considérer les diverses cultures sous deux points de vue généraux et différents l'un de l'autre, savoir comme cultures *exclusives* et comme cultures *inclusives*. J'appelle inclusives celles que l'on peut obtenir du sol durant une seule et même saison, céréales, vigne ou mûrier, et exclusives celles qui ne peuvent produire que par rotations successives du vin, du blé, des fourrages, etc.

A l'égard des cultures exclusives, nous établirons pour axiome que chaque État doit, le plus possible, travailler à se rendre indépendant des autres. Je me sers de l'expression indépendant pour dire qu'il y va de ses intérêts, de la fortune de ses concitoyens de stimuler l'industrie nationale, d'ajouter sans cesse à sa puissance, et de rendre nulle l'industrie envahissante des autres peuples.

Pour le second axiome, nous dirons qu'il faut préférer la génération actuelle à celle à venir, qu'il est plus essentiel d'assurer le bonheur des citoyens existants aujourd'hui, et qui ont des droits acquis aux récoltes actuelles, que de s'occuper de ceux à naître, qui flottent encore dans le vague du possible.

32.

Si, comme tout le prouve, l'alimentation ou, pour mieux dire, les denrées nécessaires à la consommation représentent tous les travaux et toutes les valeurs, on doit dire que les terres cultivées dans la vue de les entretenir veulent être les plus nombreuses, et leur subdivision en productions variées proportionnée aux divers besoins, ou plutôt à raison de telle ou telle substance. De la sorte, nous aurons, dans la catégorie des cultures exclusives, plus de blé que de bois, plus de bois que de toute autre chose. Mais il est bon d'avoir égard à la plus ou moins grande fécondité de telle production comparée avec une autre que l'on cultiverait en même temps en lieu convenable. Ce n'est point par l'extension du sol qu'il faut calculer la proportion, mais bien sur l'aptitude à apporter ou sur l'extension productive, si on peut s'exprimer ainsi. La portion totale du terrain employé à donner la quantité d'aliments A, relativement à la portion de terrain destinée à fournir la substance B, devra donc être déterminée à raison de la nécessité respective des deux objets et du rapport de la production, qu'elle soit obtenue naturellement ou artificiellement.

S'il est vrai encore que, à mesure que

les arts dépendant les uns des autres s'éloignent des productions du sol et cessent d'être utiles à la consommation immédiate, il faut les rendre de moins en moins nombreux, sans avoir égard au commerce extérieur, et que, à raison de l'éloignement, la valeur représente une plus grande quantité d'aliments ou de consommation, il en résultera que plus l'art sera restreint ou négligé, et éloigné d'une consommation immédiate, moins il y aura de terrains occupés à porter les substances de première nécessité qu'il emploie.

Répétons ici, avant de rien conclure, comme nous l'avons démontré plus haut, que la vileté du prix des denrées premières est aussi nuisible à l'exercice des arts et métiers que leur excès de valeur vénale, et que le commerce extérieur peut être utile pour exhausser ce prix jusqu'au point où l'agriculture produira au delà des frais qu'elle nécessite, jusqu'au point où, soutenus dans leur apogée, les arts aideront à ses succès, comme elle à leur prospérité.

33.

La totalité prise dans son ensemble étant la totalité des besoins réclamés par chaque art, chaque métier séparément, la portion de terre à employer à la production des denrées immédiatement nécessaires à la consommation doit être en rapport avec la production, le revenu de la terre et les salaires des ouvriers. Ici je parle des arts et métiers dans leurs relations avec les besoins intérieurs, et non pas avec le commerce extérieur. Une industrie quelconque peut être poussée au delà de ce que lui fournit la culture nationale ; alors elle emploie deux sortes de matières premières, l'une qui lui vient du pays, l'autre qui lui apporte le commerce de l'étranger. Supposons que, par suite du débit extérieur et des entraves mises à la liberté ou à la non-valeur de certains produits, la culture de la matière première soit au delà des proportions fixées, qu'en arrivera-t-il ? qu'elle sera funeste à tous les autres produits, qu'il y aura moins de bénéfices nets aux mains des propriétaires, que ces bénéfices n'auront point le cours nécessaire, et que la totalité revenant aux arts sera moindre, quelque vaste et étendue que puisse être l'espèce de cette manufacture particulière. D'autre part, si l'accroissement de l'industrie était causé par l'augmentation de la matière première fournie par l'étranger, alors toute l'industrie nationale se trouverait placée sous la dépendance de certains arts et métiers subalternes, et sous celle, plus tyrannique encore, des expéditions extérieures.

Supposons une pyramide politique formée de plans décroissants autant qu'il y a de classes différentes parmi les travailleurs. Si un plan croît à mesure qu'il approche de la base, c'est-à-dire de l'agriculture, quoique la portion de base correspondant à la saillie du plan n'appartienne pas à la nation, cependant cette saillie elle-même devient l'origine d'une nouvelle pyramide, dont la partie supérieure appartiendra à la nation fabricante, et l'inférieure à la productrice. La pyramide inférieure offrira les résultats des produits internes, et la pyramide supérieure ceux des produits externes. D'où ces divers plans seront d'autant plus utiles à la nation qu'ils seront plus voisins de la base, parce qu'alors une grande partie appartiendra au pays, et que celui-ci pourra donner de plus forts salaires, de plus grandes commodités, et une masse de consommateurs plus grande et plus intéressée à la production.

De tout ce qui précède nous déduirons le fait suivant : une nation peut, jusqu'à un certain point, se placer au-dessus d'une autre ; mais, au delà de ce terme, sa prospérité elle-même prépare, détermine celle des autres. Les hommes ne sont point appelés à un bonheur exclusif ni à une misère absolue, indice certain de l'intime accord des choses entre elles, de ce lien de fraternité dont la nature inspire le besoin au genre humain, de ce sentiment irrésistible qu'elle a déposé dans tous les cœurs, de rapprocher du foyer nos diverses volontés, d'en former un faisceau qui constitue la force publique, tableau dont la contemplation si douce élève l'âme, l'arrache à l'étroite sphère de l'intérêt privé pour la faire grandir à l'ombre des lois, de la justice et de la bienfaisance.

Nous avons indiqué les principes généraux sur lesquels il convient de baser les cultures exclusives d'un pays, ainsi que les proportions qu'il convient de leur donner; ils nous conduisent maintenant à conclure qu'il faut, en considérant les arts et les matières premières qu'ils ont à mettre en œuvre, d'abord estimer le besoin intérieur, et d'après lui fixer quelle doit être l'échelle de proportion pour les cultures diverses à demander au sol. Autrement, si les matières premières propres à certains arts dépassaient la limite établie, il y aurait dommage pour les autres cultures, et par conséquent perte réelle pour les autres genres d'industrie.

34.

Que ferons-nous pour exciter et encourager les diverses méthodes de culture, de manière à ce qu'elles ne soient ni trop au-dessus ni trop au-dessous de la proportion désirée? La portion de terrain que l'on destine à une culture quelconque une fois établie dans les cas particuliers, et d'après les vues et limites indiquées ci-dessus, toutes les terres du pays étant mesurées et recensées, on peut déterminer idéalement l'étendue du sol que chaque propriétaire doit consacrer à telle nature. Cette répartition bien assise, une loi fera savoir à tous que celui qui, sur telle quantité de terre, en emploiera telle portion, ni plus ni moins, à la culture indiquée sera, durant un espace de temps donné, exempt de tant sur sa portion de l'impôt territorial. Une pareille faveur aura besoin d'être calculée de manière à flatter l'intérêt du propriétaire.

Si, au contraire, la nouvelle culture se trouvait introduite, et que le propriétaire fût déterminé, par le besoin actuel, à outre-passer la proportion indiquée, on pourrait, au lieu d'un dégrèvement, accroître le chiffre de ses impositions, et par là l'obliger à revenir à l'ancienne culture. De la sorte, l'impôt serait en même temps un frein et un stimulant pour telle ou telle autre espèce d'industrie; de la sorte, tantôt accru, tantôt diminué, il servirait à confondre dans un même intérêt tous les intérêts privés, à les tenir sans cesse dans la ligne du bien général.

35.

Les cultures inclusives ont d'autres principes, une tout autre direction, parce que, soit résultat des lois physiques, soit combinaison morale, elles se tolèrent mutuellement, et qu'elles vont même jusqu'à s'entr'aider parfois, parce que, employant dans le même temps un plus grand nombre de bras et une moindre étendue de terrain, augmentant ainsi la masse du produit actuel, elles doublent l'activité du travail et assurent d'autant plus d'aisance conservatrice de l'agriculteur. On peut donc encourager sans crainte les cultures inclusives; on n'a point à redouter qu'elles s'élèvent les unes au-dessus des autres, puisque étant partout ainsi les mêmes que les produits, s'il y avait différence dans les prix d'un côté, l'équilibre se rétablirait de l'autre.

36.

De ces diverses théories nous obtiendrons pour corollaire qu'entre deux genres d'industrie, lesquels peuvent longtemps répondre aux besoins du moment et s'entr'aider pour la vente de leurs produits respectifs, il vaut mieux préférer, il vaut mieux encourager celui qui emploie la matière première fournie par le pays que celui qui l'exclut. Par exemple, si nous pouvions amener la soie à un tel état de besoins et de vente, à une telle variété d'emplois et de commodités, qu'elle devînt l'égale de la laine (ce que le génie industriel et le temps, ce grand maître des choses, pourront faire un jour), il n'y a pas de doute que nous aurions alors à porter tous les encouragements sur la culture du mûrier, laquelle se combine avec d'autres cultures, de préférence à l'éducation des bêtes à laine, et par suite à l'existence des pâturages où elles vivent, et qui occupent d'immenses terrains perdus ainsi pour d'autres genres de culture.

37.

Il ne sera pas inutile de dire, en passant, que les proportions agricoles que nous venons d'énumérer sont d'une application facile à l'économie domestique, au bien-être des familles. Intéresser les hommes au travail, leur en faire en même temps un besoin et un plaisir, c'est tendre à améliorer la condition du cultivateur, c'est préparer à disposer librement des fruits de son industrie, c'est donner au produit une direction mieux entendue, et amener sa répartition à une utile et convenable égalité. De la sorte (en n'écoutant point inconsidérément ni le gain présent, ni les projets flatteurs, dont les résultats, toujours de courte durée, décident l'adroit cultivateur à stimuler toutes les puissances d'une terre qui n'est point la sienne, pour ensuite la réduire à la stérilité), on arriverait à faire un meilleur usage, tant dans son propre intérêt que dans celui de la chose publique, de la fatale et cependant inévitable inégalité des fortunes. De la sorte, la succession des cultures devient précieuse à qui considère et la variété des ressources qu'il crée et la multitude d'actions qu'il met en œuvre, qu'il dirige. C'est, en effet, dans cette multiplicité d'actions que réside la véritable richesse, qu'elle est véritablement le signe le plus naturel de la prospérité publique, comme elle est la base essentielle de sa longue durée.

CHAPITRE V.

DE L'ADMINISTRATION PUBLIQUE DES SUBSISTANCES.

38.

Les précédentes théories nous conduisent naturellement au problème, tant de fois discuté, de la liberté absolue ou limitée du commerce des denrées de première nécessité, et le plus spécialement des blés qui constituent la base alimentaire de la nation. Ces théories nous fournissent les moyens de résoudre la question. Nous allons donc traiter à fond ce sujet grave et délicat sur lequel les opinions des écrivains sont plus d'accord que les intérêts des spéculateurs. Ce sujet important n'est demeuré obscur jusqu'ici, que par suite de la complication des vues, qui toutes sont en opposition les unes avec les autres. On a beaucoup écrit sur cette matière, et si je voulais en embrasser toutes les parties, exposer tous les systèmes, combattre toutes les opinions, poursuivre le sophisme jusque dans ses derniers retranchements, il me faudrait absorber sur ce seul point plus de temps que ne m'en demanderait l'étude de toutes les autres branches de la science. Je me contenterai donc d'indiquer les principales vues d'après lesquelles chacun pourra se faire un ensemble de doctrines et asseoir un jugement raisonnable. Pour procéder avec méthode, nous distinguerons d'abord les circonstances diverses dans lesquelles les nations se trouvent à l'égard les unes des autres; et en les caractérisant, nous nous arrêterons à certaines solutions hypothétiques et conditionnelles, cependant ni absolues, ni générales, comme la nature même de ces circonstances l'exige du politique prévoyant, qui n'aime point à hasarder, ni dans le fait, ni même par conjectures, la subsistance, encore moins la vie de milliers de personnes.

39.

Il est essentiel, avant tout, de faire une distinction entre les pays qui manquent des substances alimentaires et ceux chez lesquels elles abondent. Les phénomènes qui se présentent dans l'une et l'autre situation sont absolument opposés. Où la terre ne produit que peu de céréales, et pas assez relativement à la population actuelle, il y a nécessité, je dis plus, il y a urgence de porter remède. Si cette disette est inhérente à la nature du sol, il faut aller puiser dans les cantons où les grains abondent, et donner à l'industrie une autre direction en changeant le genre des travaux. Mais, si la pénurie provient moins de la terre que de l'absence des bras, ou de ce qu'elle est couverte par des récoltes d'un débit avantageux (ce qui, par parenthèse, n'est pas toujours certain, mais le plus souvent relatif pendant un temps), il faut alors encourager la culture des céréales et donner un libre écoulement à ses produits. Dans ce cas, on n'a pas à craindre que l'exportation amène la disette là où le besoin se manifeste; quand l'importation est facile, quand les intérêts du commerce et le bien-être des pays dirigent sur ce point toutes les spéculations, le grain est déjà en situation d'y arriver bientôt, de proche en proche, des extrémités au centre, du dehors au dedans. La liberté du commerce augmente la culture; le prix plutôt élevé auquel le commerce passif des blés est obligé de tenir cette denrée en rend la culture utile à qui l'entreprend sous les auspices de la liberté et dans l'expectative d'un gain assuré. L'accroissement lent, mais successif des articles de l'intérieur entre en concurrence et comparativement avec ceux qui viennent du dehors, et que l'on est habitué à recevoir en échange des produits de l'industrie nationale ; il résulte bientôt diminution du prix des grains étrangers, augmentation de valeur pour les denrées de l'intérieur, et, par une suite nécessaire, moins de bénéfices pour le commerce extérieur.

40.

Ce que l'on doit principalement calculer dans le commerce réciproque des grains entre les différentes nations, ce sont les frais de transport, et s'assurer si ces frais tombent à la charge de l'acheteur ou à celle du vendeur. Ce qu'il y a de certain, c'est que, lors du concours général d'une marchandise quelconque apportée de diverses contrées sur un même point, il convient qu'il y ait un prix commun, afin de soutenir une concurrence réciproque parmi les vendeurs. Ainsi la portion du transport dont ceux-ci ne pourraient point se départir sans perte réelle demeurerait nécessairement à la charge des acheteurs; mais celle qui excéderait la limite fixée serait supportée par les vendeurs sans espoir d'indemnité, parce qu'il ne pourra leur être permis, en aucun cas, de s'élever au-dessus de la taxe commune. Il faut se souvenir que, dans le prix du grain étranger, il se trouve toujours compris une partie des frais d'expédition qui est payée par l'État qui reçoit ce grain, et cette portion de frais est un dégrèvement de dépenses que les acheteurs accordent aux vendeurs. Donc les frais de transport du grain d'un pays sur celui qui en a besoin sont en pure perte pour la nation qui le reçoit, tandis qu'ils soulagent la nation qui vend sans lui être utile comme marchande.

La valeur originaire de la marchandise dont je veux me défaire est, par exemple, 18 ; le bénéfice, 2 pour 100. Je la porte au marché, et les frais de voyage me coûtent 5 pour 100 ; je la vends, en conséquence, 25 ou 24 au moins, en sacrifiant 1 de gain, parce que j'ai intérêt à rentrer promptement dans mes avances. Si un autre n'a que 1 pour frais de transport, il peut livrer à 20, 21, 22, 23, c'est-à-dire qu'il peut vendre à moindre prix, et cependant gagner davantage. C'est le cas du pays qui, éprouvant pénurie de grains, n'en reçoit du dehors que comme supplément, et qui commerce librement du sien propre ; les frais de transport du blé provenant du pays même étant toujours moindres comparativement à ceux que nécessite le grain tiré de l'étranger, il en résulte que le prix du premier sera moindre pour les acheteurs, et le bénéfice des vendeurs plus considérable. C'est ce qui fait que la différence entre les deux sortes de transport se divise en moindre augmentation de prix en faveur des acheteurs, et en augmentation de bénéfices en faveur des vendeurs.

41.

Autres considérations quand la denrée commence à devenir surabondante ; les points de vue sous lesquels on doit envisager cette surabondance sont plus fâcheux.

Nul doute que, dans tout pays producteur, il ne soit nécessaire d'ouvrir des débouchés à l'évacuation du trop-plein, et d'obliger ce qui surabonde à pourvoir aux choses qui manquent. Mais les partisans des restrictions et des prohibitions demandent d'abord que l'on donne une valeur précise au mot superflu. Répondons-leur que, lorsqu'il s'agit des objets de première nécessité, nous désignons comme superflue la quantité de grains qui excède la consommation annuelle du pays, y compris la réserve qui doit servir de ressource dans un cas fortuit toujours imminent, où la climature est variable à l'infini et sans cesse exposée aux désordres des causes physiques. Nous n'appelons pas superflue cette portion de grains qui fait naître la concurrence parmi les vendeurs, et qui maintient à un juste niveau le prix des subsistances, véritable représentant du travail, qui, lorsqu'il devient difficile à trouver, renchérit la main-d'œuvre, dégoûte d'une fatigue qui, tardivement, vient apporter sa récompense et soutenir le courage. Cette portion surabondante est indispensable pour prévenir un très-grand mal, celui de la peur d'une famine, mal plus terrible et plus fréquent encore que la famine elle-même.

Ici les partisans de la liberté des exportations et d'un commerce illimité disent que précisément, puisqu'il est si difficile de déterminer le terme de l'annuelle consommation, et bien plus encore de montrer le point où naît la surabondance, il convient de laisser un libre cours aux entrées et aux sorties : aux dernières, pour que le prix ne s'avilisse point par un excédant sans action et n'entraîne pas en peu de temps la ruine d'une culture précieuse; aux premières, afin que le surplus des pays voisins supplée à la pénurie des autres. Ils établissent à ce sujet une différence totale entre les confins politiques des États qui proviennent des alliances ou successions des souverains et résultent des traités de paix, et les confins des peuples commerçants qui dépendent de l'étendue des plaines, de la qualité des terres, de l'existence des chaînes de montagnes, de la présence des fleuves, des mers intérieures, d'un littoral borné par l'Océan, etc. Ils estiment que la main-d'œuvre s'équilibre bien plus vite et plus sûrement lorsqu'on jouit d'une entière et réciproque liberté que sous le régime des prohibitions, que la main-d'œuvre utile à un pays est celle qui est basée sur le prix commun des nations commerçantes, que le fait de la liberté est d'élever ce prix au delà de la valeur actuelle des grains fournis par les pays voisins, tandis que le système des ordonnances le place toujours au-dessous de cette valeur. Ainsi, en premier lieu, il y a perte pour les vendeurs de ce qu'ils ont moins de salaires à payer; en second lieu, on avilit la culture, on fait manquer la production. Bientôt les denrées, devenues rares, augmentent de prix; la pénurie suit de près et amène la ruine de tout. Par la concurrence, qui est toujours utile, aucun de ces désordres ne peut avoir lieu.

Comme on le voit aisément, il importe de distinguer la différente situation d'un pays agricole, alors qu'il y a abondance des denrées alimentaires. Le commerce et toutes les affaires se portent sur ce genre de spéculation ; la hausse et le cours ne dépendent plus de l'importation, mais bien de l'exportation. Si, dans de semblables circonstances, le grain s'écoule librement, sans craintes ni obstacles d'aucune sorte, il peut résulter qu'il en vienne trop du dehors ou qu'il n'en vienne plus, la sortie étant favorisée aux dépens de l'entrée; il peut arriver que les nations qui nous environnent s'adonnent au même commerce ou qu'elles manquent de subsistances et trouvent plus d'avantage à les tirer d'autres pays; il faut considérer si la contrée est maritime ou placée au milieu des terres.

12.

Toutes ces diverses circonstances doivent être mûrement discutées d'après les partisans des dispositions réglementaires. Les plus modérés parmi eux, c'est-à-dire ceux qui ne veulent point soumettre toutes les sortes de commerce à de certaines formalités, accordent la libre circulation des grains seulement à certains pays, et la refusent à d'autres, et plus particulièrement à celui dans lequel ils vivent. A mon sens, tous ces cas se réduisent à deux seuls : le premier, lorsque l'importation des grains est aussi facile, aussi sûre que l'exportation ; le second, quand l'importation est presque absolument impossible, tandis qu'il y a grande facilité pour l'exportation.

Les partisans de la liberté nient l'impossibilité de cette dernière circonstance, d'abord à cause de la presque universelle culture du blé, laquelle s'adopte partout où les terres sont bonnes, pas trop montueuses, c'est-à-dire sur la majorité des points de notre continent; ensuite parce que le commerce des grains a lieu par voie de communication successive et non par transports directs d'un tel lieu sur tel autre.

Exemple : si trente communes, dont une est placée aux confins et une autre au centre d'une contrée donnée, sont tellement disposées entre elles que les blés arrivent en abondance aux frontières et qu'il y ait pénurie au centre, les blés ne descendront point par bonds du premier lieu au second, mais successivement du village le plus frontière à celui qui lui est plus voisin, de celui-ci au troisième, et ainsi de suite jusqu'à la commune située au centre.

Ceux qui rejettent la liberté du commerce des blés assurent, au contraire, que l'importation peut avoir lieu dans le même temps, aussi bien que l'exportation ; ils s'appuient, à leur tour, sur des exemples. Je ne veux point décider qui a raison ou tort; la question est une question de fait, qui ne peut être résolue particulièrement, qu'on ne peut même examiner sans courir risque de contester la véracité des uns ou des autres. Il nous suffit d'enregistrer les dires de chacun ; ceux qui seront intéressés à les mettre en pratique prononceront.

43.

Quand un blé provient du dehors, sa

libre exportation, loin d'être fâcheuse, ne peut qu'être utile; elle est même nécessaire, parce que, dans le cas de surabondance, l'avilissement de son prix courant causerait deux grands préjudices à la société. Le premier, contraire aux lois de l'équité, serait une perte notable pour les propriétaires et pour les vendeurs. La propriété d'une chose consiste à en user librement et de pouvoir en retirer tous les avantages qu'elle assure : or le vil prix d'un objet quelconque, qui le place, tout obstacle levé, au-dessous de sa valeur réelle, équivaut à la soustraction d'une partie des bénéfices que le propriétaire était en droit d'en obtenir; en d'autres termes, c'est porter atteinte à la propriété et se rendre coupable d'une injustice.

Le second préjudice, conséquence nécessaire du premier, serait de porter le découragement chez le cultivateur, puis le forcer à l'inévitable amoindrissement du produit total, d'amener enfin une bien plus grande et plus rapide diminution dans le produit net, sur lequel reposent le salaire des ouvriers, l'acquittement des impositions, et l'entretien des dépenses publiques.

Avant d'aller plus loin, il importe de montrer tout le vague de ces mots, *venir du dehors* et *sortir du dedans*, quand on parle des différentes denrées d'un pays. Ces expressions sont purement relatives.

Le blé que l'on recueille dans une commune voisine peut se dire externe par rapport à telle autre commune, lors même que toutes deux appartiennent au même État; pareillement, deux villages limitrophes et contigus, situés l'un en deçà de la limite du pays et l'autre au delà, ne peuvent point être appelés externes, ni la récolte du premier être déclarée étrangère au second, si l'on ne considère point ainsi deux communes d'un même État. Ces prétendues distinctions se montreront sous leur véritable jour quand on voudra se rappeler ce que nous avons dit plus haut des confins politiques et des confins physiques des différents pays. Les véritables limites, celles qui établissent une différence positive dans le commerce des productions de la terre, celles qui rendent parfaitement étrangers les uns aux autres les habitants de la terre, sont les contrées entre lesquelles il y a solution de contiguïté et empêchement de communication directe habituellement suivie, où, en un mot, le commerce ne se fait que par cas fortuit et au moyen de transports longs et coûteux.

Si le grain ne peut venir *du dehors*, en me servant de l'expression dans le sens expliqué ci-dessus, il est alors deux choses à prendre en considération, le transport long et difficile du dedans au dehors des confins, et le transport facile et court. Quand le transport est long et difficile, les frais élèvent le prix de la marchandise sans rien ajouter aux bénéfices du vendeur. Il est plus avantageux à celui-ci de s'en défaire dans le pays, parce qu'il peut ajouter au produit de la vente toutes les portions successives de hausse dans le prix auquel monterait la dépense du transport. Dans cette supposition, il ne sortirait véritablement que le superflu, et ce serait chose désastreuse, s'il ne pouvait point le faire. L'inconvément de la libre exportation serait donc moindre, dans ce cas, que ne le seraient la difficulté plus grande et la longueur du transport au dehors.

44.

1° Il reste à examiner le cas unique et compliqué dans lequel le transport de courte durée, par suite du voisinage de la frontière, de la partie centrale d'un État, ou du centre de la plus grande culture en blé, est singulièrement favorisé par l'existence de grandes routes ou de canaux, et en même temps par la disposition locale du pays, laquelle est telle qu'il ne peut pas tirer les blés d'ailleurs. 2° L'État se trouve environné de nations éprouvant une très-grande pénurie de cette denrée, et avec lesquelles il fait dans le même temps un trafic habituel et facile pour les autres genres de productions qu'elles lui offrent. L'inconvénient d'une trop grande liberté du commerce peut être alors d'autant plus sensible que le grain, loin d'être supérieur aux besoins actuels, sera juste à leur strict niveau.

Supposons un État qui s'étende beaucoup, et dont le territoire soit tellement entrecoupé par d'autres États qu'il présentera une surface plus longue que large. Admettons encore que, par une combinaison peu commune, cet État est disposé de façon que le sol de ces espèces de langues de terre soit, par celui des diverses nations qui le pressent de toutes parts, pourvu de blé, tandis que sa partie centrale en éprouve la plus compléte pénurie, et se voit forcée d'en solliciter au loin à un prix élevé : si dans cet État, pour ainsi dire tout frontière, il règne une abondance suffisante pour répondre à la consommation d'un grand nombre d'habitants, chacun verra (comme le prétendent les personnes opposées à l'entière liberté du commerce des grains) que cet État, malgré ses libres rapports avec les pays voisins qui en sont dépourvus, se trouvera bientôt privé du blé nécessaire, par suite de l'extrême facilité que l'on a à l'exporter, du besoin pressé qui se multiplie autour de lui, et du gain considérable que l'on peut faire.

A ce sujet, les partisans des lois réglementaires disent qu'il n'est pas utile de s'arrêter à ces considérations, puisque, placé comme il l'est entre des peuples qui manquent de blé et qui se tiennent séparés de lui, c'est que ces mêmes peuples n'ont pas absolument besoin de lui et qu'ils peuvent se procurer ailleurs ce qui leur manque ; autrement ou ils se seraient incorporés depuis longtemps à cet État, où ils s'exposeraient à ne pouvoir résister à une situation aussi chanceuse : dans ce cas, ajoutent-ils, l'exportation n'est point nuisible. D'ailleurs il faut distinguer ici deux sortes de transport. Celui de l'État, enclavé au milieu de ces diverses nations, est facile, puisqu'en très-peu de temps le blé de son territoire peut être versé sur toute l'étendue des pays voisins, et par suite obliger l'État enclavé à partager avec deux millions de personnes la provision de blé qui devait suffire pour un million. Le transport du grain que des nations lointaines apporteraient aux peuples environnant l'État dont il est question, en admettant l'hypothèse que celui-ci ne voulût point le faciliter, serait long, difficile, très-coûteux, et par conséquent beaucoup plus tardif que celui qui se ferait en passant par le pays qui s'étend sur le sol de ces contrées nécessiteuses. Ainsi (toujours en suivant les idées des partisans des restrictions), en admettant d'abord une liberté pleine et entière, toutes les sortes de commerce se feraient avec cet État fertile et bien fourni, tandis que les relations seraient nulles avec les pays plus éloignés; mais, dans le cas d'une mauvaise année, il n'y aurait pas espoir d'obtenir aisément du blé de ces mêmes pays. En second lieu, quand bien même ce commerce aurait lieu et qu'il couvrirait le besoin présent, il n'en est pas moins vrai que ce secours arriverait toujours trop tard; le blé ne se récolte qu'une fois l'an, et l'espace de temps qui sépare la production actuelle de celle future est toujours grand : aussi n'y aurait-il jamais de proportion entre la promptitude de la remise du grain nécessaire à la consommation de toutes les parties de l'État et le retard des transports venant de pays lointains. Dans la pratique, ce prétendu supplément n'existerait même pas ; la liberté de l'exportation ne se trouverait point compensée par la concurrence de l'importation, tout le cours des affaires et des intérêts roulerait sur la vente favorable du grain, pendant que l'exportation facile et momentanée ne tournerait ni à l'avantage du public ni à l'accroissement de la culture, parce que l'on suppose que la terre produirait juste ce qu'il faut ou à très-peu de chose près, ce qui, selon les raisonnements politiques, revient absolument au même. Ce ne serait point alors la dépense du transport qui élèverait le prix du grain et qui pourrait décider les nationaux à vendre dans leurs propres limites, mais bien le désir du gain et la nécessité de recourir aux pays voisins. Un tel exhaussement serait, il est vrai, tout à l'avantage des vendeurs, mais il ne pourrait pas empêcher que le pain indispensable à la subsistance d'un million de personnes ne fût partagé entre deux millions au préjudice de tous, que le blé ne restât fort cher, motifs suffisants pour amener la disette ou, du moins, pour en inspirer la crainte, qui est, comme on le sait, la source des séditions et de tous les désordres qui entraînent après eux l'inquiétude tumultueuse du peuple d'une part, et la froide avidité des marchands de l'autre, toujours prêts à tirer profit des terreurs paniques et des calamités générales. Plus les moyens de transport seront donc faciles dans un pays se livrant à un commerce exclusif avec les populations environnantes, plus il y aura pour lui d'inconvénients à la liberté absolue de le faire sortir de ses frontières.

45.

Il n'est pas nécessaire de faire observer, dans cette supposition d'une entière liberté, que les producteurs du blé se trouvant nombreux, ainsi que les vendeurs et les autres marchands, leur présence à tous sera cause que le prix se maintiendra toujours à un taux médiocre, quoique le besoin de vendre fasse tout pour les amener, les uns à l'envi des autres, à offrir davantage. La grande concurrence des vendeurs fait tomber le prix courant, d'abord tant que la quantité absolue de denrées à écouler demeure stationnaire, ensuite à mesure que ces mêmes denrées s'éloignent d'un besoin pressant ou de la consommation journalière. Mais, du moment que la marchandise commence à manquer (et, dans le cas examiné, la pénurie ne pourrait arriver que rapidement), la concurrence des vendeurs diminue : ils élèvent d'autant leurs prétentions, ils haussent le prix à raison du besoin et à mesure que le bénéfice est plus assuré. Les hommes se portent volontiers là où il y a le plus de chances favorables à leurs intérêts : la marchandise étant de première nécessité et de consommation journalière, la vente se trouve, par conséquent, certaine ; le vendeur est encouragé à en élever le prix, il ne craint pas un refus de la part des acheteurs.

Au moyen de ces raisonnements, je pense avoir démontré qu'en général la liberté absolue est, de tous les systèmes, le meilleur que l'on puisse adopter, quand il s'agit surtout des subsistances. Il n'y a qu'un cas compliqué où le législateur aurait à examiner cinq suppositions rares et difficiles, dans lesquelles la libre circulation des denrées pourrait être plus politiquement qu'économiquement nuisible, celui où non pas l'augmentation du prix de ces substances serait funeste, mais bien leur privation subite, ou, ce qui est pire encore, leur pénurie absolue. Voyons quelles pourront être alors les modifications qui devront toujours restreindre le moins possible cette liberté.

46.

Ajoutons, avant d'aller plus loin, une autre considération, qui peut être favorable aux partisans des restrictions, ayant sans cesse égard au cas supposé. Chez une nation cultivatrice et produisant beaucoup de blé, laquelle jouirait de la plénitude de sa liberté et de sa prépondérance, qui posséderait un territoire s'étendant ou même s'enclavant au milieu d'autres territoires voisins, presque totalement privés de cette espèce de récolte, ne serait-il pas possible que la majeure partie des terres employées à porter des céréales pût fournir d'autres cultures de matières également nécessaires pour les autres branches de l'industrie, et satisfaire ainsi à un plus grand nombre de besoins variés ? Quoique j'aie dit, à cet égard, dans le chapitre précédent, l'opinion que l'on peut embrasser en pareille occurrence, je dois ajouter ici, seulement, que l'entière liberté de vendre au dehors tout le grain, quand il n'y a pas concurrence de semblable production, en rendrait la culture tellement avantageuse, qu'on ne tarderait pas à lui sacrifier toutes les natures de terres, à envahir l'espace qu'occupent les bois, les prairies, les lins et tout autre genre d'exploitation. Il y aurait bien l'élément qui paye un travail déjà fait, mais il y manquerait la matière première qui doit fournir au travail à faire. Les principes exposés plus haut me dispensent de donner un plus grand développement aux réflexions qui se pressent ici.

47.

Quelles sont donc, dans le cas supposé, les modifications les plus utiles à apporter à la licence d'un semblable commerce ?

Nous avons vu que, à mesure que le transport du centre de la production à la circonférence est plus long, plus difficile, moins on est autorisé à redouter les inconvénients d'une entière liberté, laquelle, dans la supposition établie, serait, à la longue, plus favorable à l'exportation qu'à l'importation. Dans le cas où ce transport serait facile et de courte durée, on devrait chercher à le rendre artificiellement long, difficile et dispendieux. On aurait, de la sorte, double avantage de conserver en apparence toute la liberté possible, laquelle, en excitant les hommes au travail, en les portant vers l'industrie commerciale, se maintient vigoureuse, et de fixer dans le même temps l'intérêt personnel dans la limite légale, où il devient une force de plus combinée avec le bien public, au lieu de lui être contraire et même de le détruire. On rend artificiellement dispendieux un transport, de sa nature facile et expéditif, par le moyen des droits que l'on perçoit aux frontières. La dépense de ce droit est égale aux frais d'un transport plus long, frais qui ne sont ni à l'avantage du vendeur ni à celui de l'acheteur, et qui par conséquent, lors même qu'ils sont supportés par le second (ce qui n'arrive pas toujours, les acheteurs étrangers profitant de la concurrence sur tous les marchés pour enlever au plus bas prix, et non pas à celui fixé pour tel marché particulier), ne tournent jamais au profit du premier. Au contraire, la dépense de ce même transport décide le vendeur à ne point le faire, et à vendre aux nationaux de préférence aux étrangers, parce qu'il peut leur livrer à meilleur compte, vu l'épargne des frais de transport, et s'assurer ainsi un plus grand bénéfice. En ménageant la bourse de l'acheteur, il peut réclamer une partie de l'épargne obtenue, ainsi que nous l'avons déjà vu plus haut.

48.

A mesure qu'une denrée sort d'un pays, elle devient toujours plus rare ; le numéraire des vendeurs diminue, tandis que celui des acheteurs augmente ; le prix s'en élève peu à peu : de la hausse du prix, en supposant que la vente soit absolument libre sur les frontières, on peut déduire l'abondance ou la pénurie du blé. Quand donc la valeur excède les limites que l'on estime légales, afin qu'il n'y ait ni avilissement de la denrée ni difficulté à se procurer l'alimentation nécessaire, d'où la main-d'œuvre devient trop chère à raison de celle des autres contrées; quand, dis-je, la valeur excède ces limites, alors un droit perçu aux frontières grandit, si l'on peut s'exprimer ainsi, et rend le transport difficile politiquement, sinon physiquement. Elle rend au marchand la vente plus utile à l'intérieur qu'à l'extérieur, d'où il résulte que la denrée qui se dirigeait tout au dehors reflue au dedans, que le prix s'en abaisse de nouveau pour le bien de l'industrie et pour le soulagement de la population, sans que cet abaissement soit nuisible réellement au vendeur et aux propriétaires, comme nous allons le démontrer.

49.

On pourra donc dire, en général, que la théorie d'une entière liberté, lorsque la nation est placée dans des circonstances à profiter de la concurrence générale des marchands, non-seulement pour ses propres grains, mais encore pour ceux des autres, est la véritable base économique que l'on devra généralement adopter, parce qu'alors s'établit le prix naturel et constant de toutes les choses. Il y aurait contradiction formelle, arrivé à ce point, à le supposer excédant ou fâcheux à l'industrie, qui ne peut subsister, ni même s'établir et naître, sans les produits de la terre, comme les productions du sol ne peuvent offrir d'abord d'autres récoltes que lorsqu'elles payent les frais occasionnés par la culture, et qu'elles portent bénéfice au producteur. Mais, si une nation se trouvait véritablement hors d'état de profiter de l'universelle concurrence, alors un droit proportionné d'abord à l'accroissement successif du prix, réglé ensuite sur la distance des divers transports des grains qui pourraient rivaliser avec les blés du pays, serait le meilleur moyen de régler cet important commerce.

50.

Il ne nous reste plus maintenant que quelques modifications à faire pour rendre moins difficile la conservation des réserves calculées d'après les besoins internes de l'État. Chacun se convaincra premièrement que les frontières, dans ces circonstances, ne doivent pas seulement consister en une simple démarcation politique avec les États circonvoisins, mais bien en une ligne armée partant de celle-ci, et s'étendant jusque vers le rayon intérieur, afin que le contrebandier n'ait pas un seul point à surmonter, mais plusieurs, et qu'il soit contraint de succomber partout. En second lieu, nous avons dit un droit, et non pas une prohibition positive à établir, parce que les contraventions sont plus fréquentes, et les inconvénients plus grands, du moment qu'il y a prohibition, que lorsqu'il existe un droit quelconque. Pour bien s'entendre à cet égard, il faut réfléchir sur la nature de la contrebande, que deux forces diverses font accroître ou qu'elles rendent nulle : l'une la prévient par une vigilance continue et rigoureuse, l'autre par le plus ou moins d'intérêt que les hommes ont à s'y livrer.

D'abord il y a une différence entre la garde et l'exécution d'une défense absolue, et la garde et la perception d'un droit proportionné. Dans le premier cas, les personnes qui sont chargées de maintenir la défense faite peuvent aisément se laisser corrompre par le contrebandier, à qui l'entrée ne coûtant rien tourne positivement en faveur de la corruption. Il est vrai que l'on a quelquefois intéressé les gardiens à l'exécution pleine et entière, mais ce moyen est trop abusif pour qui veut conserver purs l'esprit de la loi et le but de la défense, lesquels tendent ensemble à ce que la marchandise ne sorte point, à ce qu'il n'y ait aucun moyen de pactiser avec les gardiens, et à ce que l'objet d'intérêt général et de sûreté publique ne devienne pas un objet de spéculation et d'intérêt particulier.

En considérant, d'autre part, le droit établi d'après les principes que nous avons énoncés, il arrivera, 1° ou que les gardiens s'entendant avec le contrebandier, frustreront le droit, ce qui entraîne à un mal plus grand que l'impôt lui-même, quoique, dans le fond, il produise le même effet, quant à l'empêchement dont on veut frapper la sortie, 2° ou bien que, sans le concours des gardiens, le contrebandier cherchera à frauder le droit par lui-même. Dans ce dernier cas, il aura moins de motifs à le faire que sous l'empire d'une défense absolue. Le risque de qui contrevient à la défense est la perte de la marchandise saisie en fraude, ou quelquefois même une valeur en sus. Il y a terme moyen entre cette peine et le droit ; le risque couru par le contrebandier est donc légal à une valeur déterminée, tandis que son bénéfice équivaut à l'épargne du droit. Mais, quand il y a défense positive, il risque la valeur de sa marchandise, mais son bénéfice n'est plus que dans la différence qui passe entre la valeur de sa marchandise saisie et vendue au dedans, et le prix de cette même marchandise vendue au dehors. Cette différence est toujours grande à raison de l'abondance intérieure qui avilit le prix de celle recherchée à l'extérieur : pour cela, le gain du contrebandier, proportionné à cette différence, sera plus fort quand la fraude lui réussira ; il y aura donc plus de puissants motifs, pour le contrebandier, d'agir du côté de la dépense que contre le droit.

51.

Une autre considération à l'avantage du droit sur la chose prohibée, c'est qu'avec l'existence de la défense s'unit essentiellement la nécessité d'accorder des lettres de licences particulières pour la sortie. Quel est cependant le résultat ordinaire des prohibitions quand il existe des restrictions plus ou moins arbitraires? Le premier effet est d'avilir le prix au temps même de la récolte, autrement dire que le prix des denrées à cette époque sera au-dessus de leur valeur réelle; dans ce cas, il y aura des individus qui, à raison du peu de valeur et de la concurrence forcée des vendeurs, auront l'adresse et la faculté d'en accaparer une grande quantité. Ceux qui s'enrichiront avec cette marchandise de défaite assurée et demandée au dehors trouveront bientôt, et sans aucun doute, tous les moyens possibles d'obtenir des licences. Les circonstances de beaucoup de pays, les conventions entre gouvernements et d'autres considérations exigent qu'on les accorde ; avec une permission pour cent, il n'est point rare d'en passer mille ; et en faveur de qui sortent ces quantités? non au bénéfice des vendeurs qui ont livré à bas prix, mais à l'avantage du monopole qui vend à la hausse. Il est facile de voir que le prix élevé du blé vendu par les premiers marchands, c'est-à-dire par les propriétaires ou producteurs, profite non-seulement à la culture, mais encore aux autres industries, par suite des fortes sommes qu'il distribue, lesquelles excèdent toujours la perte qui pourrait résulter de l'accroissement du prix de la main-d'œuvre. Mais ce même prix élevé du blé vendu par les agents du monopole devient funeste à l'agriculture, parce qu'une partie de l'abondance et de la valeur du blé ne revient point au sol. Il est nuisible aux autres industries, parce que les monopoleurs qui s'enrichissent sont en petit nombre, et que les plus grandes dépenses auxquelles ils puissent se livrer n'arrivent jamais à couvrir une partie du tort qu'ils ont fait en causant l'augmentation du prix de la main-d'œuvre.

52.

Le mode des traites arbitraires, ou achetées ou gratuites, encourage uniquement l'affreux monopole qui surgit toujours du moment qu'il y a, pour l'adroit spéculateur, certitude de chance, ou passage subit du bas prix d'une marchandise quelconque à une hausse certaine.

53.

Le droit n'est pas le seul moyen auquel on doive avoir recours pour prévenir un écoulement trop fort des denrées de première nécessité au dehors; trois autres nous sont encore indiqués. Les deux premiers se combinent volontiers avec l'impôt, ce sont les marchés publics et les encouragements; le troisième est celui des greniers d'abondance, moyen aussi négligé qu'il est dangereux.

54.

Les marchés sont les lieux où, à des époques fixes, se rassemblent les acheteurs et les vendeurs, parmi lesquels les uns cherchent à vendre une denrée dont les autres ont l'intention de se pourvoir. Quand certains marchés sont habituellement fréquentés et que leurs époques sont assez rapprochées, ils servent de régulateurs pour les autres marchés du pays; ce sont eux qui déterminent le prix des choses. Ce taux est d'autant plus juste et d'autant plus utile à la vente, qu'il place la marchandise à un terme moyen qui l'empêche, d'une part, de tomber au-dessous de sa valeur; de l'autre, de se placer trop au-dessus. Le concours d'un grand nombre de personnes qui vendent et achètent sous la protection de tous, et la confiance que donne une garantie mutuelle, se trouvant divisés et portés sur divers points, et ces lieux étant choisis et adoptés à la convenance des habitants, préviennent le monopole, empêchent la fraude, et par l'intime union des intérêts opposés entre eux ne laissent pas s'accumuler à perte, et dans quelques mains seulement, une denrée quelconque qui, dans un moment pressant, deviendrait un motif de spéculation privée.

55.

L'établissement des marchés où se ferait la vente des blés serait utile à fonder, afin de maintenir le prix à un taux convenable, principalement dans les contrées où, de temps immémorial, on ne connaît plus les bienfaits de la liberté de leur commerce, où, par conséquent, le prix courant est sorti de ses lois naturelles, et des mains de la propriété les grains sont passés dans celles de quelques particuliers privilégiés. Les marchands appelleraient les nations à cette liberté; leur présence rassurerait pour longtemps l'esprit inquiet d'un peuple sans cesse exposé à redouter la disette, parce que, sans qu'il s'en aperçoive, elle était produite par les mesures mêmes que l'on prenait pour la prévenir.

36.

On a eu recours à deux espèces de lois quand on a voulu fonder des marchés pour assurer l'approvisionnement d'un pays. La première était d'obliger les propriétaires des terrains à blé de porter une partie de leur récolte sur le marché. Mais, pour que cette obligation ne fût point arbitraire, pour qu'elle n'entraînât point à l'abandon de cette culture, et qu'elle ne parût point trop pesante à qui s'y trouverait soumis, il devenait nécessaire que les marchés fussent ouverts dans le voisinage des propriétaires, qu'ils fussent fréquents et bien tenus.

La seconde loi, plus simple, est celle qui invalide et déclare illégale toute vente de blé qui n'est point faite en plein marché, ou plutôt qui exempte toute vente opérée sur ces lieux du droit qui frapperait celle faite au dehors; de plus, la perte du grain doit être portée contre la contravention à la loi, dont la promulgation aurait eu lieu de la manière la plus étendue, afin que nul ne prétextât d'ignorance. Cette promulgation devrait être faite sans frais, par l'intermédiaire des courtiers. Veut-on rendre exécutoires ces lois limitatives de la liberté de vendre, qui modifient et restreignent l'usage de la propriété, cependant, sans nuire à l'agriculture ni au commerce, sans déterminer secrètement la fraude à les rendre sans objet, il convient que les marchés soient placés sous la protection de l'autorité publique, et qu'elle intervienne toutes les fois qu'il s'agit d'y maintenir l'ordre. Il faut que les priviléges et franchises soient accordés aux marchés de préférence à tout autre établissement, que des magasins d'entrepôt y soient mis à la disposition du vendeur, que la sûreté la plus inviolable, que tous les moyens de conservation y soient accordés, et par conséquent y appellent l'affluence.

Les priviléges sont toujours ruineux, quand ils sont accordés exclusivement à plusieurs, au détriment de tous; cependant ils peuvent prendre un caractère d'utilité quand ils sont la propriété non pas des personnes, mais des actions faites dans la vue du bien général, dans l'intention que chacun en jouisse pleinement, du moment qu'il contribuera à donner de l'impulsion au mouvement que l'on veut produire.

Il n'y a nulle crainte du monopole là où il existe beaucoup de marchés publics. La fréquence et la bonne distribution des marchés, la simultanéité d'un grand nombre de marchandises diverses et d'achats préviennent et déjouent les calculs des plus adroits spéculateurs.

Quoi qu'il en soit, malgré l'utilité des marchés, chacun peut entrevoir dans quel dédale de lois, dans quelles minutieuses précautions doit se perdre une nation qui est obligée, par des circonstances impérieuses, à s'éloigner, même légèrement, de l'entière liberté du commerce. Cette réflexion nous apprend combien il importe d'examiner avec la plus sévère attention et de scruter toutes les circonstances qui peuvent conduire à restreindre cette liberté, et donner à penser que le pays qui s'y détermine est véritablement intéressé à se priver du concours général pour une denrée qui fait la base essentielle des cultures de presque toute l'Europe.

57.

L'importance des marchés étant reconnue, il est évident que l'on saura de suite, par l'examen du prix actuel comparé avec celui des grains à l'étranger, si la nation est intéressée à jouir des franchises que donne la libre circulation des blés, ou si elle est contrainte à lui imposer des restrictions. Recourez alors à l'établissement d'un droit proportionné à la différence plus ou moins grande des prix de l'étranger et des prix nationaux. Il servira de suite à niveler ces deux prix ou, du moins, à se compenser l'un par l'autre, déduction faite du transport. Ce moyen sera moins funeste à l'agriculture que tout autre, quoique, à vrai dire, il le sera toujours.

58.

C'est sur ces bases que quelques peuples ont eu recours aux peines ou aux gratifications. Des impôts directs et indirects sont un obstacle à la vente des marchandises, lors même que cette vente serait préjudiciable au pays qui l'opère ; tandis que les indemnités ou gratifications, au contraire, stimulent et entretiennent le commerce des choses utiles et profitables à tous. Les impôts indirects sont des sommes que le marchand paye à l'État pour se livrer, à son gré, au trafic de telle ou telle autre denrée à laquelle il attache peu d'utilité ; les gratifications, au contraire, sont des sommes que l'État accorde à ceux qui s'adonnent à tel genre de spéculation qui lui est utile. Pendant que les impôts indirects aggravent les transports, les rendent plus longs et plus difficiles, les gratifications les allégent et leur assurent toutes sortes de facilités. Les gratifications sont ainsi, relativement aux impôts indirects, ce que, dans les mathématiques, les quantités négatives sont aux positives. Elles servent à faciliter l'extraction d'un produit pour nous surabondant, et à récompenser le tort fait au commerce par la difficulté des transports. Elles servent encore à appeler dans l'intérieur du pays la denrée qui y manque. Ainsi, pour certains genres dont on voudrait retarder ou diminuer l'exportation, tandis que l'on a besoin d'en favoriser et d'en augmenter l'importation, on mettrait un droit à la sortie dans le même temps que l'on accorderait une prime à l'entrée, de manière que le produit de la première serve à payer la seconde. De même il peut être utile d'imposer le droit à l'entrée, et la prime à la sortie, quand il faut déterminer à la culture d'un genre qui manque et que le sol est susceptible de porter. C'est ainsi que les Anglais firent par leur fameux acte de navigation ; ils mirent un droit double à l'entrée et une prime à la sortie, alors même que leur territoire était bien loin de fournir aux besoins de la consommation, je dirai plus, alors qu'il était en grande partie inculte. Ils ont, de la sorte, déterminé tous les cultivateurs à semer et à récolter la précieuse céréale. Toutes les fois qu'un pays ne manque point des choses nécessaires à la consommation de ses habitants, si l'on suivait un pareil système, on ne ferait que priver le pays des avantages qu'assure la concurrence générale.

59.

Le troisième moyen indiqué est celui des magasins publics, où l'on rassemblerait tous les blés des particuliers, ou plutôt où l'on formerait une provision au temps des récoltes, pour la livrer ensuite à un prix modéré, en tout ou en partie, selon les besoins actuels du peuple. L'existence de ces magasins de prévoyance peut être utile, comme nous l'avons déjà dit, quand ils ne sont qu'un simple et libre dépôt qui n'entrave nullement la volonté des contractants, et laisse une pleine et entière indépendance à la vente et au prix qu'elle veut y mettre.

Les inconvénients des approvisionnements publics paraîtront très-graves à quiconque voudra réfléchir que le blé qui s'achète, sous ce point de vue, induit les particuliers à cacher celui qui dépasse leurs besoins personnels, parce que la vente du premier hausse le prix du second. Ces approvisionnements publics rendent nulles la concurrence des acheteurs nationaux et celle des acheteurs étrangers. Le grain des particuliers ne pouvant être vendu dans le canton au delà du prix fixé par le magasin public, il demeure pour ainsi dire sans valeur; les acheteurs étrangers pourront se le procurer à un prix bien plus bas que celui qu'ils auraient donné, s'il y avait eu concurrence avec les acheteurs du pays.

Il faut noter, en outre, que les administrateurs et les gardiens de ces établissements ont tous les moyens possibles de faire ce commerce exclusivement ; que la vente du blé acquis au compte de l'État, pour qu'elle ne soit pas un fardeau pour le peuple, et qu'elle couvre les frais considérables qu'exigent les édifices eux-mêmes, la présence des gardiens, le mobilier, l'administration, les employés, l'attirail toujours grand, toujours interminable qui s'attache aux fondations publiques, suppose qu'il y a privilége de fabrications du pain aux mains d'un petit nombre, afin que le bas prix de la vente soit compensé par le gain restreint en quelques mains. L'administration de semblables établissements marche toujours lentement, et est toujours désastreuse quand il s'agit d'une denrée sujette à mille avaries, quand elle n'est point confiée à l'intérêt personnel du propriétaire.

On n'a point encore découvert un moyen assez simple et en même temps peu coûteux pour garantir des intempéries atmosphériques de la corruption, de la poussière et de l'atteinte des insectes une grande masse de blé accumulée dans un même lieu; une semblable découverte serait cependant essentielle, si l'on adoptait les magasins publics. Nous devons la plus grande reconnaissance à *Duhamel*, qui a traité plus heureusement que tout autre ce sujet, quoique pas encore avec assez d'économie pour mettre à la portée de tous les procédés qu'il indique. Il a travaillé dans le but d'apprendre aux particuliers à conserver leurs provisions, mais non point dans l'intention d'exciter à l'établissement dangereux des magasins publics.

60.

Les différentes considérations auxquelles nous venons de nous livrer nous enseignent, dans les moyens particuliers proposés pour rendre facile, certaine et abondante la circulation des blés, comment doit être réglée la boulangerie sur laquelle on a tant écrit de dispositions compliquées chez les différentes nations. Ces dispositions avaient pour but de calmer en apparence les inquiétudes du peuple, et de lui fournir un pain quotidien suffisant, sans lui parler des frais occultes qu'il entraîne, frais qui ne tournent point à l'avantage de l'État, et sont également funestes aux vendeurs, aux producteurs et aux acquéreurs. La complication des règlements ouvre la porte à l'arbitraire, parce qu'elle exige une foule d'opérations, elle multiplie les administrateurs qui pèsent tous avec l'intérêt personnel sur le bien public, pendant que les ambitions particulières grandissent en secret, et détournent l'attention de l'utilité générale.

61.

Quelles que soient les suppositions ci-dessus mentionnées, que l'on accorde l'heureuse liberté du commerce ou que l'on se trouve dans la dure nécessité de lui imposer des restrictions motivées sur les circonstances actuelles, je pense que la meilleure de toutes les lois relatives à la boulangerie est celle qui laisse à chacun le droit de faire du pain quand et comme il le veut, mais qui veille pour punir la fraude.

Un nombre donné des personnes privilégiées exclusivement pour fabriquer le pain devient l'arbitre du grain nécessaire à la consommation intérieure; plus ce nombre est petit, plus intime est leur union, plus prompt est leur accord. Il y a connivence ou coalition dès que l'intérêt d'une compagnie produit de plus gros avantages à chacun de ses membres. L'homme agit seul, à l'envi l'un de l'autre, quand la tangente de l'utilité publique est petite. Où il existe des personnes spécialement chargées de la fabrication du pain, il y a deux sortes d'acheteurs de blé, savoir les boulangers pour la préparation, et les accapareurs pour la vente au dehors. Dans le temps de la moisson, le nombre des vendeurs de grains est grand et celui des acheteurs est petit. La denrée est, par ce fait, à vil prix; aussi se confine-t-elle peu à peu dans quelques mains. Quand le blé nouveau se trouve tout placé, soit exporté ou bien employé à la panification, le nombre des vendeurs diminue sensiblement, tandis que celui des acquéreurs augmente, ce qui fait que le pain ne tarde pas à renchérir. Cette élévation de prix n'est point à l'avantage de la classe des producteurs ou des propriétaires des terres, mais seulement à celui d'un très-petit nombre. L'agriculture n'en est point encouragée, et les autres industries demeurent oisives : la main-d'œuvre augmente, mais les travaux n'augmentent nullement.

62.

En second lieu, on punit la fraude. L'autorité publique doit être l'appui du peuple et poursuivre sans relâche tous les mouvements ténébreux de l'avidité dans ce qui intéresse particulièrement la santé de tous. Dans le système d'une libre panification on a moins à redouter la fraude que dans le système qui la circonscrit en quelques mains. A mesure que le bénéfice à partager entre beaucoup se limite à peu de personnes, l'influence de l'autorité devient de plus en plus faible, parce que les besoins grandissent, et avec eux les moyens qu'inspire la ruse. Rendez, au contraire, libre le droit de fabriquer du pain, la fraude sera plus promptement découverte et plus facilement punie. L'absence du besoin de tromper et la surveillance réciproque des concurrents éloignent les acheteurs des fraudeurs.

Je le répète donc, fasse du pain qui veut et comme il l'entend, c'est là la seule loi que les vrais principes de l'économie publique puissent suggérer. Qui fera le pain plus petit et moins bon, pourvu qu'il n'y ait pas mauvaise qualité, pourra bien le vendre; mais qui le livrera de parfaite qualité, s'en défera vite et avec d'autant plus de certitude que la marchandise est de consommation directe et de moins de durée. Les uns à l'envi des autres se placeront sous l'empire de la loi; l'intérêt fera ce que les règlements les plus sévères ne pourraient obtenir.

63.

Il reste à examiner si, après avoir laissé à chacun le droit de faire du pain, il convient de lui laisser la liberté d'en fixer le prix ou seulement celle du poids plus ou moins fort à donner à chaque pain, ou toutes les deux ensemble. Je réponds, en premier lieu, qu'une pareille question est absolument indifférente; en second lieu, que si la vente du pain est l'affaire d'une nécessité journalière, et que s'il importe de prévenir le désordre, de rendre fixe dans la pensée du peuple le besoin d'une industrie qui doit être prompte et de toutes les heures, et lui enseigner les moyens faciles de surprendre la tromperie et de déjouer la fraude, il ne faut point laisser aux boulangers l'une et l'autre liberté, attendu qu'elles ne sont point indispensables à l'entière indépendance de leur commerce, le prix et le poids d'une marchandise telle que le pain étant deux quantités relatives. La liberté est intacte, si l'une de ces permissions est livrée à l'arbitraire du vendeur, et celle qu'il convient de lui laisser se découvre d'elle-même du moment que l'on croit nécessaire à cette exploitation de laisser à l'économie domestique et aux calculs toujours restreints de la petite industrie populaire l'idée précise et constante d'un prix déterminé, légalement établi. On pourra donc, en conséquence, abandonner la fixation du poids à l'arbitraire du boulanger.

64.

Si quelques circonstances particulières venaient à exiger le contraire, c'est-à-dire que le poids et le prix du pain fussent imposés aux boulangers, ce ne serait pas une conséquence nécessaire de supprimer le principe *Fasse du pain qui voudra*. Toute restriction apportée à la liberté soit du commerce, soit de tout autre rapport social, veut être commandée par le besoin de prévenir un désordre, et non par le désir d'un mieux chimérique.

65.

J'espère que l'importance de la matière, la multiplicité des projets, la variété des opinions et des discussions ouvertes sur un sujet aussi grave serviront d'excuses à ma prolixité, et me feront pardonner le temps employé à en approfondir la pensée et les moyens. Je vais maintenant examiner les autres objets qu'il me reste à traiter pour compléter ce que j'ai à dire relativement à l'économie agricole d'un pays.

CHAPITRE VI.

DE LA CULTURE DE DIVERS AUTRES GENRES DE DENRÉES.

66.

Je crois avoir suffisamment démontré quelles bases il convient d'adopter pour règler la culture et le commerce de la denrée de première nécessité ; il en est une autre maintenant qui, pour ne point servir directement à l'alimentation, est cependant aussi indispensable qu'elle à la consommation, je veux parler du bois.

En effet, si on la considère dans ses liaisons intimes avec les besoins journaliers de la vie, dans ses rapports habituels avec les arts et manufactures, le bois prend place parmi les objets d'urgente nécessité; son abondance et la facilité de s'en pourvoir deviennent du plus haut intérêt pour tous. Avant d'exposer les principes d'après lesquels cette branche de l'économie publique doit être régie, il importe de les faire précéder de quelques réflexions préliminaires. 1° Il n'y a, dans l'objet examiné, nulle proportion entre la valeur de la matière première et les frais de transport qu'elle exige. Partout où les terres sont montueuses, impropres à toute autre culture plus lucrative, le bois est, d'ordinaire, très-abondant ; il se vend à vil prix sur le lieu même qui le produit. Son long trajet sur des chemins difficiles, mal entretenus, l'absence de cours d'eau canalisés, qui, comme nous l'avons vu précédemment, réduisent toujours au cinquième les frais du transport, renchérissent singulièrement cette marchandise, qui, de sa nature, coûte fort peu de chose. 2° La variété des situations, la combinaison physique des qualités du sol sont telles, qu'il n'y a point de territoire où les arbres ne conviennent mieux à la plus grande partie des terres que toute autre espèce de culture; mais la difficulté des moyens de transport, en rendant inutile aux propriétaires un terrain converti en forêt, les oblige à négliger ou bien à détruire des arbres dont le pays réclamait la conservation. 3° Quand on demande le bon marché du bois, on n'entend point dire qu'il soit à vil prix, parce que vil prix et non culture sont deux expressions politiquement synonymes ; mais on veut que le coût du bois, dont l'usage est de toutes les classes, dont l'usage embrasse tous les besoins de la société, ait pour base la *valeur naturelle* des forêts sur le lieu même de leur nature, et non pas la *valeur intermédiaire*, qui est fâcheuse à l'acheteur sans profiter au vendeur, qui pèse sur l'industrie et n'encourage nullement à la reproduction.

67.

Ces trois points posés, il est facile de déterminer quelles doivent être les maximes à suivre pour l'économie forestière. Nous commencerons d'abord par fixer celles qui, étant dictées par la raison et le droit des gens, sous les auspices de la liberté, méritent la préférence sur celles qui sont imposées par les sévères dispositions des règlements.

Le premier objet, celui qui doit précéder les défenses de couper, enlever et autres (toujours contraires au principe fondamental de la société, duquel cependant on obtiendrait davantage que par l'appareil menaçant de lois multipliées et d'ordonnances contradictoires), c'est de rendre faciles les transports, en donnant plus de largeur et de solidité aux routes, c'est d'ouvrir dans toutes les directions le plus de canaux navigables possible. Ces moyens, qui ne coûtent ni larmes ni sang au pays, préparent et donnent le bien-être, assurent la longue prospérité des États et conquièrent aux gouvernements qui s'y livrent les bénédictions de tous les âges.

Il faut tenter les nobles effets de la liberté avant de recourir aux mesures rigoureuses qui alourdissent la chaîne de l'esclavage. Il faut rendre les forêts utiles à leurs possesseurs, supprimer les valeurs intermédiaires ; alors seulement on verra abonder une production aussi nécessaire et aussi avantageuse.

68.

Suivant les diverses situations des pays, les différents rapports de l'agriculture avec le commerce, les directions que les règlements et les contributions impriment à l'exploitation du sol, il peut cependant arriver que l'intérêt des propriétaires ne soit pas un stimulant assez pressant pour les décider à garder leurs forêts, surtout si les moyens de transport sont difficiles et s'il ne leur est point aisé d'y remédier. Il peut arriver encore que ces mêmes propriétaires, mécontents du triste produit net que leur donne une grande étendue des terres, recourent inconsidérément à la ressource, trop fréquemment exploitée, d'abattre les arbres, afin de suppléer, par un capital recueilli de suite, aux continuelles exigences d'un luxe qui n'est point proportionné à leur fortune actuelle, au rang qu'ils occupent, à l'ambition qui les dévore, au besoin qu'ils éprouvent de briller par-dessus les autres. La destruction des forêts n'est point chose aussi facile à réparer que l'abandon de beaucoup d'autres genres de culture ; leur reproduction lente, qui s'opère dans l'espace de trente ou quarante ans, est bien différente de celle des autres végétaux qui se renouvellent toutes les années. Durant ce long intervalle, il peut survenir de graves événements, et une pénurie considérable, une pénurie absolue de la substance première que réclament la consommation de chaque jour, l'existence présente des arts, les travaux de l'industrie. Il est possible de suppléer à l'absence des autres matières premières en recourant aux pays étrangers où elles abondent; il n'en est pas de même pour le bois, son volume incommode s'oppose à son transport. Et puis ne sait-on pas combien il est impolitique, pour une nation, de se placer sous la dépendance des autres et de leur montrer les besoins urgents que l'on éprouve? Concluons donc de ce qui précède que la conservation des forêts doit être un de ces objets qui, malgré le système général d'une entière liberté, veut être soumis à des lois réglementaires.

69.

On se récriera sans doute, et l'on me demandera de quel droit je prétends empêcher que l'on retire, à son gré, de ses propres fonds tel ou tel profit. Cette remarque est une erreur née de l'opinion absolue que chacun se fait de ce qu'il a; elle vient de la haute et profonde idée que les écrivains politiques et les jurisconsultes donnent de la propriété.

Il convient donc de rappeler ici que la propriété n'est que la fille aînée, et non pas la mère, de la société; que, avant l'alliance des hommes et l'union intime des familles, il y avait possession, mais incertaine et précaire; il y avait usage des choses, mais non pas propriété proprement dite, propriété assurée; il y avait jouissance de fait, et non de droit; et que ce droit, cette propriété résultent de la défense réciproque que les hommes se sont mutuellement promise par simple adhésion aux mêmes circonstances, aux intérêts communs, mais sans contrat exprès de garantie de leurs possessions actuelles. Ils se sont habitués peu à peu à regarder comme défenses en faveur de chacun les défenses de tous contre chacun. D'où l'on voit clairement que la propriété a besoin, pour exister, de lois écrites ou simplement convenues dans l'intérêt de tous; que l'indépendance du propriétaire et le respect promis à la propriété sont soumis à deux conditions : l'une est que tous soient dans l'inégalité de biens, c'est-à-dire qu'il n'y ait point de propriétés plus ou moins sujettes à l'action des lois, que les lois qui limitent la propriété soient universelles en faveur de tous contre tous ; l'autre, que les mêmes lois ne rendent point sans objet l'usage de la propriété elle-même qui, pour l'avantage de chacun, a été assurée à chacun. Toutes les fois que de semblables conditions seront observées, les propriétés et les actions des citoyens se trouveront placées sous l'empire des lois universelles et soumises aux règlements bien et dûment faits dans l'intérêt public.

70.

Si, d'une part, on reconnaît l'inconvénient de s'opposer aux coupes libres des arbres, et si, de l'autre, on ne peut contester le droit, la nécessité, la convenance de conserver les bois et forêts, quels seront donc les moyens d'assurer leur existence et d'empêcher que le bois ne vienne à manquer? Pour préserver une chose que le dépérissement menace et dévore incessamment, il faut n'en consommer que ce que l'on est en mesure de garder. Si l'on peut permettre l'abatage d'après le nombre d'arbres qui se reproduisent, l'annuelle reproduction sera la base de la coupe annuelle. Une forêt mise en coupe voit son sol couvert de nouveaux arbres au bout de trente ans; or il ne faut en abattre, chaque année, que la trentième partie. Comme on laisse d'ordinaire le repeuplement aux soins de la nature, la limite imposée à la coupe produirait un effet salutaire, je veux dire une culture plus soignée et une distribution mieux entendue.

71.

A cet effet, il conviendrait d'avoir une connaissance exacte de toutes les forêts d'un pays, et de savoir ensuite s'il convient que la coupe des bois dépende d'une autorisation accordée en temps opportun, ou bien qu'elle soit calculée d'après le produit de la forêt en pleine végétation et celui qu'elle donnerait en tombant sous la cognée, de manière à ce que l'utile ne soit pas sacrifié au caprice, de manière à ce que la conservation ne soit pas un préjudice quand l'abatage serait un véritable bienfait. Je me range à ce dernier mode, parce qu'il me paraît plus simple, indiqué par la nature même de la chose, et qu'il laisse moins de prise à l'arbitraire.

Telles sont à peu près les règles à suivre pour conserver les forêts et juger si leur existence suffit aux besoins sociaux. Quels seront maintenant les moyens de remplir le déficit et de pourvoir à ce qui manque? A quelle quantité faut-il arriver pour atteindre au but désiré? Comment encourager à une culture qui rapporte dans un temps aussi éloigné au propriétaire avide de jouir vite, comment le décider à se livrer à ce genre d'exploitation?

72.

Je réponds en répétant que les forêts sont à considérer, sous le point de vue de la consommation, comme article alimentaire, et le besoin du bois dans ses rapports avec le besoin de nourriture, dès qu'il est universel et également senti par tous les individus. Chacun réclame une bien petite portion de bois comparativement à ce qu'il faut de véritable aliment ; aussi, comme un petit espace de terrain fournit une grande masse de matière, et que l'usage de cette matière est proportionné à la masse entière, sans nécessiter de culture ni d'autres frais que ceux de coupe et de transport, il est évident que l'impérieuse exigence du bois est plus susceptible d'économie, moins sujette aux vicissitudes de la pénurie, et ne donne point à craindre que son exploitation en tarisse tout à coup la source. De ces faits il résulte encore que la proportion de sol consacrée aux forêts doit être moindre que celle destinée à porter les récoltes des autres cultures.

Si nous faisons maintenant l'évaluation de la quantité annuelle d'aliments nécessaires à une famille, nous saurons aussitôt quelle sera l'étendue de terre correspondant à cette quantité; si nous agissons de même à l'égard du bois, après avoir réduit le total obtenu à sa proportion, nous verrons à quelle faible étendue de terrain la quantité de bois correspond. Ces deux sommes, multipliées par le nombre des familles, nous donneront la proportion des terres qu'il faut consacrer aux cultures et au pâturage, et de celles à mettre en forêts. Il convient d'observer que beaucoup d'arts et de manufactures en consomment une quantité considérable, une quantité beaucoup plus forte que l'économie domestique ; le rapport entre les forêts et les autres cultures doit donc grandir à raison du besoin des arts et des manufactures. Cependant, si l'on fait attention 1° que l'aliment est de consommation distincte et propre à chaque individu, tandis que la consommation du bois est commune à plusieurs ensemble, 2° que les forêts ne sont pas totalement des cultures *exclusives*, tandis qu'une grande quantité de bois peut être prise sur les cultures *inclusives*, selon la distinction établie plus haut (§ 32), 3° à l'épargne que procure le charbon, qui chauffe plus longtemps, plus efficacement, et coûte beaucoup moins de transport, on verra que l'altération ne sera pas bien grande ni le besoin des arts très-considérable.

73.

L'accroissement des forêts dépend à peu près des moyens que nous avons indiqués. Il serait à désirer que l'on découvrît des mines de charbon de terre en Italie : elles fourniraient abondamment aux nécessités de la consommation dans le même temps qu'elles rendraient à d'autres cultures plus directement liées avec l'existence des hommes et le développement de l'industrie les terres employées à porter des arbres. L'insouciance et l'opinion se partagent l'empire du monde; c'est peut-être la négligence et l'aversion que l'on donne aux choses nouvelles et insolites, plus que la difficulté de le découvrir, qui nous privent du charbon de terre, car sa présence au sein des montagnes nous est révélée à chaque pas.

74.

Une autre culture importante et qui réclame toute l'attention des lois est celle du mûrier, et par conséquent celle du ver à soie; cette culture nous est venue de l'Orient. Dans le principe de son introduction en Europe, elle fut l'objet d'un déplorable luxe pour les personnes opulentes, tandis qu'elle était réprouvée par l'austère philosophie, qui n'accorde ses regards qu'aux choses liées essentiellement au bonheur des individus. Elle fut méprisée par les lois des vieux Romains, qui laissèrent l'orgueilleuse vanité payer de larges tributs à l'industrie étrangère. Mais bientôt après elle fut avidement étendue et encouragée par l'Italie; du moment que la fertile péninsule eut abandonné l'esprit turbulent des conquêtes, faute de pouvoir le satisfaire davantage par suite de la puissance acquise par les nations voisines, elle tourna son infatigable activité vers les arts de la paix, plus noble, plus profitable que le métier des armes. Elle reconnut bientôt que l'influence des arts assure autant de succès, sans compromettre la sûreté de tous; si ces succès sont plus lents, ils sont aussi moins despotiques et sont de plus longue durée.

75.

La culture du mûrier permet simultanément sur le même sol plusieurs autres cultures; outre les longues lignes de mûriers, on voit à leur pied la vigne joyeuse étendre ses longs bras, et le blé, soutien de la vie, croître, jaunir et céder ensuite la place à d'autres récoltes. De plus, en fort peu de temps, le ver à soie donne au cultivateur diligent une large récompense. Une foule d'arts surgirent avec cette industrie; elle a porté l'aisance dans les familles les plus pauvres qui ont su s'en emparer. Elle ajoute, chaque jour, de nouveaux motifs d'espérance, elle conduit à de nouvelles conquêtes que lui préparent le génie et le talent des artistes.

76.

C'est surtout en Lombardie que la culture du mûrier est brillante et bien entendue : elle y a, en peu d'années, augmenté le revenu des terres, sans que, pour cela, il y ait eu augmentation dans la somme des impôts. Durant quelque temps, la soie sortait des mains inhabiles des nationaux, pour se porter au dehors du pays, y recevoir le travail nécessaire, et revenir ensuite sur le sol qui l'avait vue naître, en rendant par là ses habitants tributaires de l'étranger. L'établissement d'un droit a arrêté cette matière première, et depuis lors elle s'est propagée dans les diverses parties de la Lombardie. On lui donne toutes les préparations convenables dans la demeure des particuliers et au sein des grands établissements.

77.

Il reste encore cependant beaucoup

de préjugés à vaincre chez les particuliers relativement à cette industrie. Ces préjugés sont d'autant plus nuisibles qu'ils bravent même l'intérêt, dont la voix est si puissante.

Pour ce qui regarde la culture du mûrier par exemple, celui qui comparerait nos procédés avec ceux des autres nations, et qui considérerait la nature de l'arbre, pourrait croire que le paysan préfère une prompte et facile cueillette des feuilles à celle qui serait plus durable et plus utile. Une taille rigoureuse empêche l'arbre de s'élever et de croître librement ; de la sorte, la puissance végétale s'étend plus vite, mais en même temps le tronc s'appauvrit, devient languissant, et entraîne la perte du mûrier. Joignez à cela que la force d'inertie soutient ce système, parce qu'il rend plus commode l'effeuillage, opération qui prive l'arbre des organes essentiels de la vie végétative, au lieu que, si l'on permettait au mûrier de croître en hauteur, il vivrait plus longtemps, et fournirait à l'insecte fileur un aliment toujours tendre et propre à chacun de ses différents âges. C'est un fait d'observation; le ver à soie, vivant sur la plante même, mange d'abord les feuilles des cimes les plus hautes, et, à mesure qu'il vieillit, il descend vers celles du bas, qui lui présentent un aliment plus dur et plus convenable à ses besoins actuels. L'étude nous éloigne des chemins tortueux que suit l'aveugle routine, et nous enseigne à prendre les véritables routes de la nature, qui sont grandes, larges et belles. Il y a toujours profit à secouer le joug des fausses doctrines et à adopter celles de la vérité.

S'obstiner à renfermer, à étouffer dans l'atmosphère sans élasticité d'une chambre les animaux organisés pour vivre à ciel ouvert, au sein d'un air libre et sans cesse ventilé, prétendre justifier cette faute en disant que c'est dans la vue de les soustraire aux intempéries des saisons, c'est substituer à des indispositions passagères les causes permanentes de maladies graves. Étendus et nichés sur un rameau dont les feuilles à demi corrodées sont en pleine fermentation, nourris avec des feuilles n'ayant aucun rapport avec leur âge, chargées d'un suc trop dense dans les premiers jours, trop noyé dans les derniers et toujours excessif, je vois ces utiles insectes gonflés par l'hydropisie, qui les dévore et les vicie à tel point, que la chrysalide, volumineuse en apparence, non-seulement est pauvre en soie, mais encore cette substance est salie par une mucosité nuisible. Au risque d'errer, j'ai voulu, par ces considérations, appeler l'expérience à me combattre; j'ai voulu solliciter de nouvelles tentatives, pour m'éclairer si je me trompe, ou pour détruire une routine qui, pour dater de loin, n'en est pas moins désastreuse.

78.

Il y a d'autres productions que l'on doit tenter d'admettre dans les cultures, partout où le ciel offre une température douce, où le sol appelle les soins de l'homme des champs par la variété de ses sites, par l'excellence de sa nature. Le lin et le chanvre créent de précieux ateliers; leur culture empêche la sortie de fortes sommes d'argent ; ils peuvent nous amener à devenir pour toute l'Italie ce que la Hollande et la Silésie sont pour l'Europe entière.

La vigne est, à son tour, le motif d'un tribut considérable que nous portons à l'étranger. Nous cueillons son fruit avant la parfaite maturité, pour, il est vrai, le soustraire à la main indiscrète des passants ; mais nous refusons à la plante les terrains propres à sa culture, quand nous la voyons prospérer en Toscane et en France, à des expositions qui se trouvent à chaque pas dans notre Lombardie. C'est donc de notre faute, si la vigne ne répond pas abondamment aux besoins des particuliers et à tous les intérêts publics.

Il est inutile d'entrer ici dans de plus grands détails sur ce que nous faisons, sur ce que nous ne faisons pas, sur ce que nous devrions faire. Mille végétaux d'une haute utilité, tels que l'olivier, le safran, le coton, l'indigo, l'acacia, nous promettent une foule de résultats importants, du moment que nous voudrons devenir les promoteurs du bien public, du moment que nous envierons les bénédictions de la patrie, de nos contemporains et de la postérité. Il faut d'abord faire briller un rayon lumineux devant ceux qui, par mépris et par ignorance, jugent si mal les choses nouvelles ; c'est le moyen de les arracher au cercle étroit de leurs idées.

CHAPITRE VII.

DE L'ÉCONOMIE PASTORALE.

79.

L'économie pastorale est une branche essentielle de l'agriculture et de la science sociale. On donne ce nom à l'art de nourrir, et de multiplier les bestiaux et plus particulièrement les bêtes à laine. Celles-ci furent autrefois proscrites de ce pays (la Lombardie), leur patrie héréditaire, sur la prévention qu'en mangeant les feuilles de la vigne, les céréales et toutes les autres plantes qu'elles appètent, elles répandent sur le sol un venin tout particulier qui prive les végétaux de leurs propriétés. Je dis tout particulier, parce qu'ailleurs on voit d'innombrables troupeaux de moutons, sans que la vigne, les céréales et les autres plantes en souffrent le moins du monde. J'estime au fond qu'il y a eu un autre motif à cette proscription, parce que nulle part un préjugé, une opinion vulgaire quelconque n'a jamais amené un changement aussi notable. Je pense qu'elle repose sur des faits physiques, sur des raisons de localité. Ce n'est pas que l'on doive couvrir un petit pays principalement et exclusivement de troupeaux, et refuser à la terre de produire le grain nourricier ou d'autres objets propres à satisfaire un grand nombre de besoins; mais il faut poursuivre l'erreur qui repousse, même des terres maigres que chacun sait lui convenir essentiellement, un animal de facile aliment, d'un produit assuré, dont la dépouille fait la richesse des manufactures, et qui fournit aux usages les plus communs et les plus indispensables. De sages instructions ont déjà ramené quelques esprits égarés; il nous appartient de seconder la main de l'autorité qui nous guide vers le bien, et d'imposer silence à cette puissance ténébreuse, toujours prête à nous retenir dans les langes de l'erreur. Ces erreurs sont d'autant plus funestes qu'elles nous ont dépouillés du commerce des laines que l'étranger venait nous demander, et qu'aujourd'hui nous allons mendier chez lui. Les travaux des champs ont, il est vrai, pris de l'extension depuis lors dans ce pays si souvent envahi ; mais aujourd'hui rien n'empêche de rétablir parmi nous et d'encourager un rameau fécond d'industrie, de ramener vers nous une foule d'arts qui, à un petit rayon de notre province et pour ainsi dire par dérision, se montrent en pleine activité, s'exercent à notre détriment.

80.

Les contradictions sont toujours l'effet des discours de ceux qui repoussent les choses nouvelles avec une aveugle obstination : ils disent tantôt que le pays est dépeuplé, que les bras manquent à l'agriculture, que ce premier des arts décline chaque jour, que la masse des terres incultes augmente partout ; tantôt, principalement quand on veut introduire des troupeaux de bêtes à laine, ils soutiennent que c'est vouloir détruire l'agriculture, base de tout État bien constitué, que ce serait porter préjudice aux vignes, aux céréales, aux mûriers et aux prairies si utiles à des espèces d'animaux plus précieuses. Tout ce que l'on peut avancer de mieux, c'est que de grands espaces de terre peuvent convenir aux bêtes à laine et exigent même leur présence. Nous possédons de vastes collines et de nombreuses montagnes où végètent de sauvages châtaigniers, pauvre aliment d'une triste population. Nous avons beaucoup de villages où l'on ne trouve que des femmes et des enfants abandonnés de leurs époux, de leurs pères courant toute l'Europe pour y porter l'activité de leur esprit, pour y chercher à occuper des bras qu'on ne sait point fixer dans leurs pays. Ils reviennent, il est vrai, avec des sommes plus ou moins fortes, réveiller, plus tard, la vie dans ces villages stériles, mais l'impulsion dure peu, ils reviennent fatigués. Tous les avantages qui résultent de la réciprocité du travail, de l'action de se mouvoir et de s'être mû du principe de donner et de recevoir, tout est perdu pour le sol natal. Vêtus et nourris toute l'année au loin, ils apportent le fruit de leurs épargnes; mais cet argent ne sert point à solliciter d'utiles changements, à grossir aux mains qui l'ont gagné. De grandes familles sont sorties de ces déserts inabordables, et cependant nous ne voyons point, pour cela, le nombre des habitants augmenter, la culture et l'industrie prendre le plus léger essor, ni le sol changer d'aspect. Ces pays pourraient devenir le foyer de notre économie pastorale, une Arcadie pourrait s'étendre aux rives de nos lacs, peupler de troupeaux et de bergers les solitudes agrestes de nos montagnes, y construire de nombreux ateliers où l'on préparerait la laine, et changer une nature morte en une vaste manufacture de perpétuelles richesses.

81.

Tout ce qui vient d'être dit des bêtes à laine peut s'appliquer aux bœufs, aux vaches, aux chevaux, compagnons, esclaves, bienfaiteurs et victimes de l'homme. Si nous manquons de troupeaux, nous avons une source abondante de solides richesses dans les vastes prairies appelées *bergamines*, qui couvrent principalement le Lodésan. Ce terrain sablonneux et stérile, destiné, dans l'origine, à n'offrir qu'un marécage, a été, par la main des hommes, fécondé et converti en une mine inépuisable de ressources qui se renouvellent sans cesse. Tout le pays est disposé, par la nature et par l'art, à recevoir sur une grande surface le bienfait d'une irrigation parfaitement entendue ; les eaux courent dans toutes les directions, en long, en large, en lignes droites et transversales. D'immenses troupeaux de bêtes à cornes y paissent constamment ; ils y trouvent une pâture abondante, qu'ils entretiennent par leur présence. La terre y est apte à produire successivement, au moyen d'une rotation suivie avec intelligence, du blé, du lin, de la soie, du riz, et surtout des fromages, qui font la base de l'industrie et de la rotation. Si l'on enlevait les bestiaux à cette contrée, elle ne tarderait pas à rentrer dans le domaine de son antique stérilité. Le silence de la mort s'étendrait bientôt où, de nos jours, on rencontre quelques bourgades riches, peuplées de cultivateurs bien portants, livrés aux délices de la vie patriarcale et aux soins assidus d'un commerce étendu. Ces avantages y produisent ce que feraient ailleurs un grand nombre de villages, une population changeante, une application à tous les genres d'arts ou métiers, un commerce plus actif et plus entreprenant. Joignez encore à ces avantages ceux du rapport très-considérable que fournissent les fromages que l'on expédie sur tous les points de l'Europe ; ces fromages ont la précieuse qualité de résister plus qu'aucun autre aliment à l'action dévorante du temps. Ils supportent les longs voyages de mer, et l'on a vainement jusqu'ici cherché à les imiter à l'étranger.

82.

Ne devant point donner ici un traité d'agriculture ni m'étendre à tous les détails de cette science pratique, je terminerai par quelques réflexions qui rentrent dans le plan que je me suis proposé.

1° L'éducation domestique ou, comme je l'ai appelée, l'économie pastorale ne demande pas autant de bras que la culture de la vigne et des céréales ; mais elle sert à rompre l'invincible stérilité de certaines terres, et sous ce point de vue elle veut être recommandée, entretenue par des encouragements, et, lorsque la nécessité l'exigera, par la diminution des impôts.

2° L'économie pastorale est une ressource pour les contrées demeurées sans population par la faute du sol ou par l'éloignement des hommes ; partout où les combinaisons physiques et morales ont détourné les bras d'une culture quelconque, l'économie pastorale, qui ne demande ni grande activité ni fatigue, peut être essentiellement utile.

3° Celle qui n'aurait pour but que l'élève des chevaux ne doit être ni négligée ni encouragée. Les chevaux servent aux travaux des champs, aux arts qui en dépendent et aux transports ; ils contribuent aussi au faste des cités, à entretenir le riche dans le sommeil et l'ennui. Sous ce dernier rapport, ce luxe doit recevoir un frein, sans être totalement supprimé. Il ne faut point enlever à l'industrie le stimulant ni l'emploi de la fortune; qui travaillerait jamais avec la stoïque résolution de ne point recueillir le fruit de son labeur? Si, d'une part, l'aisance énerve, si elle paralyse les mouvements chez celui qui en jouit, de l'autre elle enflamme le courage de celui qui en est privé. Le frein principal à imposer à ce luxe serait de n'en point permettre l'extension, et de faire en sorte que le sol, nourricier des hommes et de leur industrie, ne devînt pas le pourvoyeur d'une foule de cochers et de chevaux inutiles. Quand ce luxe sera limité, il vaut mieux qu'il se trouve soutenu par les étrangers que par les nationaux, afin que la terre soit employée à des cultures plus profitables. La maxime vraie, mais non pas universelle, que tout luxe doit être nourri par les produits et l'industrie du pays, ne l'est que quand ils ne s'excluent point mutuellement. Elle est fausse quand un pareil luxe ne peut être enlevé du pays, et que l'existence même de ce pays s'oppose à une meilleure culture.

CHAPITRE VIII.

DE LA MÉTALLURGIE, DE LA PÊCHE ET DE LA CHASSE.

83.

Il y a peu de choses à dire sur ces matières, quand on veut éviter la prolixité et l'ennui qui marche sur ses traces : nous ne ferons donc que les indiquer.

84.

Personne n'ignore quelle fortune il

résulte pour un pays lorsqu'il renferme dans son sein les larges filons de ces métaux, cause ostensible ou occulte des conquêtes. L'or fut toujours l'objet des vœux des hommes; de tout temps ils en ont été avides : s'il procure les jouissances, il est aussi la source de mille tourments. Les politiques pensent qu'il vaut mieux l'aller chercher au loin que de le posséder : l'acquérir suppose mouvement, action, travail, qui sont la vie du corps politique; le posséder sur son sol, c'est, on peut le dire, avoir le somnifère qui tue l'industrie, qui repousse toute sorte de travail.

Quoi qu'il en soit de l'or et des autres métaux précieux, il vaut mieux posséder le fer, qu'une pacifique industrie sut arracher aux mains ensanglantées des discordes; il vaut mieux le voir, des flancs déchirés de nos montagnes, sortir par masses pour aller dans nos usines, rouge et liquide, en éclairer les noires murailles, y prendre milles formes diverses et répondre à tous les besoins des arts. Un pareil spectacle plaît à l'homme; il lui montre combien le fer est au-dessus de l'or et de l'argent, puisqu'il met entre ses mains un moyen de défense auquel rien ne résiste, et en même temps qu'il lui procure toutes les ressources convenables pour aider au développement de l'industrie, pour préparer et assurer toutes les jouissances de la vie.

85.

Ils méritent donc d'être encouragés ceux qui se dévouent à l'exploitation des mines de fer et à leur conversion en outils. Les peuples qui possèdent cet utile métal ont le plus grand intérêt à en bien connaître les filons et à les employer. Ces hautes cimes des monts solitaires dont s'éloigne le pasteur, et qui servent de retraite aux oiseaux de proie ou au daim timide, ces lieux sauvages où l'on voit à peine poindre un brin d'herbe, ne doivent pas être seulement un motif d'étude pour le peintre et le poëte, mais aussi l'objet de la curieuse investigation du naturaliste et du politique profond. Du sein de la plus affreuse stérilité il peut sortir une source intarissable de travaux et de richesses. Les encouragements doivent être proportionnés à la haute importance de l'œuvre, à raison de son emploi plus étendu et de la difficulté qu'il y a à l'exploiter. C'est surtout alors que rien ne remue l'intérêt éloigné du propriétaire, que des obstacles nombreux s'opposent à une industrie, que l'autorité légitime doit se montrer, elle qui réunit les forces et représente les droits combinés de tout le pays; c'est là qu'elle doit offrir des primes et des gratifications avec une sorte de profusion. C'est là aussi que la vie est sans cesse exposée à des dangers, à des maladies imminentes, et que l'autorité doit occuper ceux qui, par leurs crimes, ont fait scission avec la société.

86.

La pêche, très-ancienne occupation des hommes, principalement des nations maritimes, appelle aussi toute l'attention de l'économiste. Aucune partie de l'État ne doit être, autant que possible, soustraite à l'infatigable industrie des habitants ; il faut que toute la population d'une contrée soit adonnée au travail. Combien de tributs ne portons-nous pas à l'étranger, quand nous pourrions être nourris par les eaux qui nous environnent? La pêche est devenue une sorte de spéculation religieuse ; la cupidité, qui trouve toujours les moyens de se soustraire aux défenses imposées à tous, a su faire servir à ses intérêts les prescriptions de la discipline et les privations commandées par les ordonnances ecclésiastiques. Il faut enlever, par une entière liberté de la pêche, aux étrangers les sommes immenses que nous leur portons.

87.

La chasse, qui fut de même l'occupation première des hommes errants et sauvages, veut être encouragée partout où il y a des bêtes fauves dangereuses à l'agriculture, partout où l'on rencontre des animaux dont les dépouilles fournissent aux besoins des arts et des manufactures. Des primes devraient être offertes à la destruction des animaux nuisibles. Où les bras ne manquent point à l'agriculture, la chasse pourrait être traitée comme un luxe nuisible ; mais, où les délices de la table dévorent l'aliment de beaucoup de familles pour réveiller le palais blasé du riche et du gourmand, le luxe des mets sauvages que procure la chasse peut devenir d'une grande utilité, puisqu'il enlèverait à la destruction du cuisinier ce qui servirait à sustenter vingt personnes.

88.

Mais l'exercice de la chasse sera-t-il limité à quelques individus ou laissé libre aux masses? serait-il bon de l'interdire à tant de moyens propriétaires, pour fournir au grand possesseur de terres une occupation qui l'arrache à la mollesse, pour l'occuper à un art image de la guerre, véritable école de constance, de recherches soutenues avec patience et force? Serait-il utile à la société et nécessaire au bien public de créer à l'égard de certains particuliers de nouvelles peines et de nouveaux délits, et de rendre la masse coupable par des dispositions pénales qui ne produiraient pas directement le bien public? Il faut cependant respecter les divertissements du chef de l'État, ils sont utiles à tous, parce qu'ils conservent le bien-être à celui qui le procure à tous; innocente occupation qui souvent amène les souverains fatigués de la pompe du trône et de leur éloignement de la multitude à visiter, à connaître enfin l'humble asile de la pauvreté et de la misère. Quelle que soit l'opinion que l'on se fasse des chasses réservées, il sera toujours vrai que le droit de chasse laissé à tous, en tout temps, dégénérerait en abus, et que les lois générales sur ce sujet, qui assujettissent et encouragent également, sont plus utiles que les lois privées, puisqu'elles fournissent un fonds notable de finances, moins odieux et moins décourageant que tout autre. J'ai dit dans tous les temps, parce que les sentiments de compassion sont loin de l'âme des hommes, quand il s'agit des animaux, qu'ils regardent comme très-éloignés de nous par l'organisation et les facultés; et, comme les lois de l'univers nous apprennent que la multiplication d'une espèce se fait aux dépens d'une autre, que d'autre part l'emploi des forces de la nature et celle de l'équilibre des choses veulent qu'il y ait place pour la circulation de tous les êtres, notre intérêt nous conseille de donner trêve aux animaux dans le temps où la nature sort de sa léthargie pour rentrer dans le mouvement de la vie.

FIN.

PARIS. — IMPRIMERIE DE Mme Ve BOUCHARD-HUZARD, RUE DE L'ÉPERON, 5.

PARIS. — IMPRIMERIE DE Mme Ve BOUCHARD-HUZARD,
RUE DE L'ÉPERON, 5.

www.ingramcontent.com/pod-product-compliance
Lightning Source LLC
LaVergne TN
LVHW020559230826
846091LV00002B/540

9782019672690